P9-EDS-648

Congregación para el Clero

El sacerdote,

Ministro de la misericordia divina
Una ayuda para confesores
y directores espirituales

Buena Prensa

Título del original:
The priest, minister of divine mercy.
An aid for confessors and spiritual directors
Congregation for the Clergy

© Copyright 2011 - Libreria Editrice Vaticana. Città del Vaticano
ISBN: 978-88-209-8549-3

El sacerdote, ministro de la misericordia divina.
Una ayuda para confesores y directores espirituales
Congregación para el Clero

Traducción de Carlos Villalobos
Primera edición, noviembre de 2011

ISBN: 978-607-9183-09-7
Hecho en México
Con las debidas licencias

Derechos © reservados a favor de:

Obra Nacional de la Buena Prensa, A.C.
Orozco y Berra 180. Sta. María la Ribera
Apartado M-2181. 06000 México, D.F.
Tel. 5546 4500 • Fax 5535 5589
ventas@buenaprensa.com • www.buenaprensa.com
Lada sin costo: 01-800-50-24-090

Librerías San Ignacio:

www.buenaprensa.com

México, D.F.
- Ribera de San Cosme 5. Sta. María la Ribera.
  Tels: 5592 6928 y 5592 6948
- Orizaba 39 bis. Col. Roma.
  Tels. 5207 7407 y 5207 8062
- Congreso 8. Col. Tlalpan.
  Tels. 5513 6387 y 5513 6388
- Donceles 105-D. Centro.
  Tels. 5702 1818 y 5702 1648

Chihuahua, Chih.
- Av. Tecnológico 4101. Plaza Comercial
  San Agustín. Col. Granjas.
  Tels. (614) 410 9461 y 415 0092

Culiacán, Sin.
- Jesús G. Andrade 214 Oriente. Esq. con
  Ángel Flores. Col. Centro.
  Tel. (667) 712 4088

Guadalajara, Jal.
- Madero y Pavo, Sector Juárez
  Tels. (33) 3658 1170 y 3658 0936

Guadalupe, Zac.
- Calle Jardín de Juárez 10.
  Tel. (492) 899 7980

León, Gto.
- Hermanos Aldama 104. Col Centro
  Tel. (477) 713 7901

Mérida, Yuc.
- Callejón del Congreso 490 B. Col. Centro.
  Parque La Madre. Tel. (999) 9280 340

Monterrey, N.L.
- Washington 812 pte. Esq. Villagómez.
  Centro. Tels. (81) 8343 1112 y 8343 1121

Puebla, Pue.
- Blvd. Valsequillo 115. Plaza Crystal
  locales 9-12. Col. Residenciales
  Boulevares. Tel. (222) 211 6451

Tijuana, B.C.
- General Juan Sarabia 8570, (Calle 10)
  Zona Centro Tel. (664) 634 10 77

Torreón, Coah.
- Calz. Cuauhtémoc 750 Nte. Centro.
  Tels. (871) 793 1451 y 793 1452

Tuxtla Gutiérrez, Chis.
- Tercera Oriente Sur 165-3.
  Col. Centro. Tel. (961) 613 2041

Se terminó de imprimir esta 1a. edición el día 30 de noviembre de 2011, festividad de san Andrés, apóstol, en los talleres de Offset Santiago, S.A. de C.V. Río San Joaquín 436, Col. Ampliación Granada, CP 11520, México, D.F. Tel. 9126-9040.

ÍNDICE

PRESENTACIÓN

"Es preciso volver al confesionario, como lugar en el cual celebrar el sacramento de la Reconciliación, pero también como lugar en el que 'habitar' más a menudo, para que el fiel pueda encontrar misericordia, consejo y consuelo, sentirse amado y comprendido por Dios y experimentar la presencia de la Misericordia divina, junto a la presencia real en la Eucaristía"[1].

El Santo Padre Benedicto XVI se dirigió con estas palabras a los confesores durante el reciente Año Sacerdotal, señalándole a cada uno de los presentes la importancia y en consecuencia la urgente necesidad apostólica de redescubrir el Sacramento de la Reconciliación, desde la perspectiva de los pecadores así como de los ministros.

Junto con la celebración diaria de la Eucaristía, la disponibilidad del sacerdote para escuchar confesiones sacramentales, acoger a los pecadores, y acompañarlos espiritualmente cuando así lo soliciten, es en sí misma la medida de la caridad pastoral del sacerdote. A través de su disponibilidad, los sacerdotes dan testimonio dichoso y en cierto sentido asumen su verdadera identidad, que se replantea en el Sacramento de las Órdenes Sagradas y que no se reduce a una mera funcionalidad.

El sacerdote es ministro, y esto significa que asimismo es servidor y dispensador de la Misericordia Divina. A él se le confía la grave responsabilidad de "perdonar o retener los pecados" (cfr. Juan 20, 23). A través de él, y a través del poder del Espíritu, Señor y Dador de Vida, los fieles pueden

---

[1] Benedicto XVI, *Discurso del Santo Padre XVI a los participantes en el curso sobre el fuero interno organizado por la Penitenciaría Apostólica*, 11 de marzo 2010.

experimentar hoy en la Iglesia la dicha del Hijo Pródigo, quien luego de una vida de pecado regresa a la casa del padre como sirviente, pero se le recibe con la dignidad de un hijo.

Si el confesor está disponible, tarde o temprano llegará a él algún pecador. Y si el confesor persiste, incluso porfiadamente, ¡tarde o temprano se le acercarán muchos pecadores!

Nuestro propio redescubrimiento del Sacramento de la Reconciliación, como pecadores y como ministros, es la medida de la fe auténtica en la acción salvadora de Dios, presente de manera más clara en el poder de la gracia que en las iniciativas humanas estratégicas o pastorales que en algunas ocasiones pasan por alto esta verdad esencial.

En respuesta al llamado del Santo Padre y como expresión de su profunda intención, la presente ayuda tiene como propósito el de ser un fruto más del Año Sacerdotal, un instrumento útil para la formación continua del clero, así como una ayuda en el redescubrimiento del valor indispensable del Sacramento de la Reconciliación y de la Dirección Espiritual.

La nueva evangelización y la actual renovación de la Iglesia, *semper reformanda,* lleva sangre a su vida a partir de la verdadera santificación de cada miembro de la Iglesia. Resulta evidente que a la santificación debe preceder la evangelización y la renovación, ya que expone y conforma la condición previa necesaria para todo esfuerzo apostólico eficaz, e igualmente para la reforma del Clero.

En la celebración generosa del Sacramento de la Misericordia Divina, cada sacerdote es llamado a experimentar por sí mismo la singularidad y necesidad del ministerio que se le ha confiado. Dicha experiencia lo ayudará a evitar el "sentido siempre cambiante de identidad" que con gran frecuencia marca la existencia de algunos sacerdotes. Por el contario, su experiencia ahondará en él esa sensación de maravilla que inunda su corazón, porque sin ningún mérito propio recibe el llamado de Dios, en la Iglesia, a romper el Pan Eucarístico y perdonar los pecados a los demás.

Con estos pensamientos, confiamos la distribución y los frutos de esta ayuda a la Santísima Virgen María, Refugio de los Pecadores y Madre de la Gracia Divina.

Ciudad del Vaticano, 9 de marzo de 2011.
Miércoles de Ceniza

Mauro Card. Piacenza
Prefecto

✠ *Celso Morga Iruzubieta*
Arzobispo Titular de Alba Marittima
Secretario

INTRODUCCIÓN:
RUMBO A LA SANTIDAD

"En todo tiempo y en todo pueblo es grato a Dios quien le teme y practica la justicia (cfr. Hech 10, 35). Sin embargo, fue voluntad de Dios el santificar y salvar a los hombres, no aisladamente, sin conexión alguna de unos con otros, sino constituyendo un pueblo, que le confesara en verdad y le sirviera santamente"[2]. En el camino hacia la santidad, al que el Señor llama a cada uno de nosotros (cfr. Mt 5, 48; Ef 1, 4), Dios concede que nos ayudemos recíprocamente. De esta manera, nos convertimos en mediadores en Cristo, por así decirlo, para acercar a los demás a su amor eterno. Éste es el horizonte de caridad donde ocurren la celebración del Sacramento de la Penitencia y la práctica de la dirección espiritual, y éstos se constituyen en objeto del presente documento.

Algunas frases de Su Santidad, el Papa Benedicto XVI, atraen nuestra atención a este respecto: "En nuestro tiempo una de las prioridades pastorales es sin duda formar rectamente la conciencia de los creyentes"; y agrega: "También la 'dirección espiritual' contribuye a formar las conciencias. Hoy más que nunca se necesitan "maestros de espíritu" sabios y santos: un importante servicio eclesial, para el que sin duda hace falta una vitalidad interior que debe implorarse como don del Espíritu Santo mediante una oración intensa y prolongada y una preparación específica que es necesario adquirir con esmero. Además, todo sacerdote está llamado a administrar la misericordia divina en el sacramento de la Penitencia, mediante el cual perdona los pecados en nombre de

---

[2] Concilio Ecuménico Vaticano II, Constitución Dogmática *Lumen Gentium*, 9.

Cristo y ayuda al penitente a recorrer el camino exigente de la santidad con conciencia recta e informada. Para poder desempeñar ese ministerio indispensable, todo presbítero debe alimentar su propia vida espiritual y cuidar la actualización teológica y pastoral permanente"[3]. En conformidad con esta línea de pensamiento se presenta esta ayuda a los sacerdotes como ministros de la Misericordia Divina.

Cualquier año dedicado a la memoria del Cura de Ars debiera dejar una huella indeleble en la vida y ministerio de los sacerdotes. Esto resulta especialmente cierto en este año que conmemora el Aniversario 150 de su muerte (1859-2009): "Este año desea contribuir a promover el compromiso de renovación interior de todos los sacerdotes, para que su testimonio evangélico en el mundo de hoy sea más intenso e incisivo…"[4].

Esta renovación interior debe tocar todos y cada uno de los aspectos de la vida y ministerio sacerdotales y permear profundamente cada elemento de su perspectiva, motivación y conducta concreta. Las circunstancias de nuestro tiempo exigen el testimonio de una identidad sacerdotal vivida en alegría y esperanza.

El ministerio del Sacramento de la Reconciliación, que se relaciona íntimamente con el consejo o dirección espiritual, se ocupa de la recuperación de los objetivos espirituales y apostólicos del ministro y de los fieles, como regreso pascual al Padre, en fidelidad a su plan amoroso para "el desarrollo integral de todo hombre y de todos los hombres"[5]. Implica retomar nuevamente, para el servicio a los demás, el camino de relación interpersonal con Dios y con los hermanos que se realiza en la contemplación, perfección, comunión y misión.

---

[3] Benedicto XVI, *Mensaje, al venerado hermano Señor cardenal James Francis Stafford, Penitenciario Mayor, y a los Participantes en el Curso de la Penitenciaría Apostólica sobre el Fuero Interno* (14 de marzo, 2009).

[4] Benedicto XVI, *Carta para la Convocación de un Año Sacerdotal con ocasión del 150 Aniversario del* Dies Natalis *del Santo Cura de Ars* (16 de junio de 2009).

[5] Pablo VI, Encíclica *Populorum Progressio* (26 de marzo, 1967), 42: *AAS* 59 (1967), 278.

La práctica del Sacramento de la Penitencia en toda su plenitud, así como la dirección espiritual o consejería, nos permite vivir de manera más auténtica en "alegre esperanza" (Rom 12, 12). Nos permite respetar y valorar la vida humana en todos sus aspectos, redescubrir la importancia de la familia y de la orientación de la juventud, del despertar de las vocaciones sacerdotales y de un sacerdocio vivido integralmente, y una comunión eclesial y universal.

La relación entre reconciliación y dirección espiritual se basa en el apremio del amor: "Porque el amor de Cristo nos apremia al pensar que, si uno murió por todos, todos murieron. Y murió por todos para que los que viven no vivan para sí, sino para quien por ellos murió y resucitó" (2 Cor 5, 14-15). Esto presupone un compromiso especial, ya que los seguidores de Cristo en verdad "no viven ya para sí mismos" (ibídem), sino que viven en la verdad y la caridad.

Toda la actividad pastoral de san Pablo, aunada a sus muchas dificultades, que compara con el trabajo de parto, puede resumirse en el apremio por "formar a Cristo" (Gál 4, 19) en todos y cada uno de los fieles. El objetivo de san Pablo era que "todos alcancen su madurez en Cristo" (Col 1, 28) sin excepción alguna ni límites.

El ministerio de la Reconciliación y el servicio de consejo y dirección espiritual se contextualizan en el llamado universal a la santidad que es perfección de la vida cristiana y "perfección de la caridad"[6]. La caridad pastoral en la verdad de la identidad sacerdotal debe llevar al sacerdote a enfocar todo su ministerio y ayuda en la santidad, en armonía con los aspectos proféticos, litúrgicos y diaconales de su ministerio[7].

La disposición de guiar a los bautizados hacia la perfección en la caridad es parte integral del ministerio sacerdotal.

El sacerdote, instrumento de Cristo y servidor del misterio pascual que predica, celebra y comunica, es llamado a ser

---

[6] Concilio Ecuménico Vaticano II, Constitución Dogmática *Lumen Gentium*, 40.

[7] Cfr. Juan Pablo II, Carta Apostólica *Novo Millenio Ineunte* (6 de enero, 2001), 30: *AAS* (2001), 287

confesor y director espiritual, a partir igualmente de su propia experiencia. Él es ministro del Sacramento de la Reconciliación y dispensador de dirección espiritual, al mismo tiempo que es beneficiario de ambos medios de santificación para su renovación personal espiritual y apostólica.

La presente Ayuda espera entregar una variedad de ejemplos sencillos, reales e inspiradores tomados de numerosos documentos eclesiales (citados en ella) que en su oportunidad pueden consultarse directamente. Esta publicación no pretende ser un ejercicio en casuística sino en esperanza cotidiana y motivación.

I.
EL MINISTERIO DE LA PENITENCIA
Y LA RECONCILIACIÓN EN DIRECCIÓN
A LA SANTIDAD CRISTIANA

1. Importancia actual, momento de gracia

Una invitación urgente

En el comienzo del tercer milenio, Juan Pablo II escribió: "Deseo pedir, además, una renovada valentía pastoral para que la pedagogía cotidiana de la comunidad cristiana sepa proponer de manera convincente y eficaz la práctica del Sacramento de la Reconciliación"[8]. Asimismo, declaró que su intención era "reforzar solícitamente el sacramento de la Reconciliación... [que es] exigencia de auténtica caridad y verdadera justicia pastoral" recordando "que todo fiel, con las debidas disposiciones interiores, tiene derecho a recibir personalmente la gracia sacramental"[9].

La Iglesia no sólo anuncia conversión y perdón, sino asimismo se constituye en signo de reconciliación con Dios y el hombre. La celebración del Sacramento de la Penitencia debe considerarse desde el contexto total de la vida eclesial y en especial desde el misterio pascual celebrado en la Eucaristía y la experiencia viva del Bautismo, la Confirmación y el mandamiento de amarnos los unos a los otros. La penitencia siempre es la celebración dichosa del amor del Padre, quien

---

[8] Juan Pablo II, Carta Apostólica *Novo Millenio Ineunte* (6 de enero, 2001), 37, *l.c.*, 292.

[9] Juan Pablo II, Carta Apostólica en forma de *Motu proprio, Misericordia Dei* sobre algunos aspectos de la Celebración del Sacramento de la Penitencia (7 de abril, 2002); *AAS* 94 (2002), 453.

se entrega a sí mismo para destruir nuestro pecado, cuando lo reconocemos con humildad.

La misión de Cristo operante en la Iglesia

La misión de la Iglesia es un proceso armónico de proclamación, celebración y trasmisión de perdón. Esto es especialmente una realidad en la celebración del Sacramento de la Reconciliación, fruto y gracia del Señor Resucitado, quien está presente en su Iglesia: "Reciban el Espíritu Santo. A quienes les perdonen los pecados les quedarán perdonados; a quienes se los retengan les quedarán retenidos" (Jn 20, 22-23).

La alegría de perdonar conlleva una actitud de gratitud y generosidad en el camino hacia la santificación, así como en la misión. Quien experimenta el perdón desea que los demás vivan este encuentro con Cristo, el Buen Pastor. Por lo tanto, los ministros del Sacramento de la Penitencia, quienes experimentan a su vez la belleza de este encuentro sacramental, están siempre en la mayor disposición de brindar este servicio humilde, arduo, paciente y dichoso.

La práctica concreta, gozosa, confiable y comprometida del Sacramento de la Reconciliación es un indicador claro del nivel de evangelización al que ha llegado el creyente individual y la comunidad en particular. El Sacramento de la Penitencia es un signo elocuente de nuestro deseo de perfección, contemplación, comunión fraternal y misión apostólica. "La práctica de la Confesión sacramental, en el contexto de la comunión de los santos que ayuda de diversas maneras a acercar los hombres a Cristo, es un acto de fe en el misterio de la Redención y de su realización en la Iglesia"[10].

En el Sacramento de la Penitencia, fruto de la Sangre salvadora del Señor, experimentamos que Cristo "se entregó por nuestros pecados y resucitó para hacernos justos" (Rom 4, 25). En consecuencia, san Pablo afirma que "todo

---

[10] Juan Pablo II, Bula *Aperite Portas Redemptori* (6 de enero, 1983), 6: *AAS* 75 (1983), 96.

es obra de Dios, que nos reconcilió con él por medio de Cristo y nos encomendó el ministerio de la reconciliación" (2 Cor 5, 18).

La reconciliación con Dios es inseparable de la reconciliación con el hombre (cfr. Mt 5, 24-25). Dicha reconciliación resulta imposible si no se logra de alguna manera la purificación del corazón. Toda reconciliación viene de Dios porque Él nos perdona nuestros pecados (cfr. Sal 103, 3). Cuando Dios nos perdona, aprendemos con mayor intensidad a perdonar a nuestro prójimo y reconciliarnos con él.

Abrirnos al amor y la reconciliación

Cristo nos exhorta a un amor cada vez más fiel, a un cambio cada vez más radical (cfr. Apoc 2, 16), para que la vida cristiana pueda impregnarse de los sentimientos de Cristo (cfr. Flp 2, 5). La celebración comunitaria del Sacramento de la Penitencia, con la confesión personal de los pecados, puede ayudar en gran medida a experimentar la realidad eclesial, es decir, la comunión de los santos.

Al apegarse al "Padrenuestro", las Bienaventuranzas y el mandamiento del amor, el cristiano se dirige a la "reconciliación" total. Es el camino que lleva a la purificación de los pecados e identificación con Cristo.

En nuestros días, este itinerario penitencial resulta por lo demás importante al convertirse en piedra de toque y cimiento de una sociedad que vive la comunión. "La sabiduría de la Iglesia ha invitado siempre a no olvidar la realidad del pecado original, ni siquiera en la interpretación de los fenómenos sociales y en la construcción de la sociedad: 'Ignorar que el hombre posee una naturaleza herida, inclinada al mal, da lugar a graves errores en el dominio de la educación, de la política, de la acción social y de las costumbres' "[11].

---

[11] Benedicto XVI, Carta Encíclica *Caritas in Veritate* (29 de junio, 2009), 34, citando *el Catecismo de la Iglesia Católica*, n. 407)

El testimonio y compromiso de los pastores

En cada etapa de la historia de la Iglesia pueden encontrarse confesores y directores espirituales modelo. La Reconciliatio et Paenitentia (1984) menciona a san Juan Nepomuceno, san Juan María Vianney, san José Cafasso y a san Leopoldo de Castelnuovo. En su discurso a la Penitenciaría Apostólica[12], Benedicto XVI agrega a san Pío de Pietrelcina.

Al referirse a estos modelos sacerdotales, Juan Pablo II escribe: "Pero yo deseo rendir homenaje también a la innumerable multitud de confesores santos y casi siempre anónimos, a los que se debe la salvación de tantas almas ayudadas por ellos en su conversión, en la lucha contra el pecado y las tentaciones, en el progreso espiritual y, en definitiva, en la santificación. No dudo en decir que incluso los grandes Santos canonizados han salido generalmente de aquellos confesionarios; y con los Santos, el patrimonio espiritual de la Iglesia y el mismo florecimiento de una civilización impregnada de espíritu cristiano. Honor, pues, a este silencioso ejército de hermanos nuestros que han servido bien y sirven cada día a la causa de la reconciliación mediante el ministerio de la Penitencia sacramental"[13].

En muchas diócesis, y en especial en las basílicas menores, en catedrales, en santuarios y parroquias urbanas extensas, los fieles han respondido de manera positiva a los esfuerzos de los pastores de proveer los momentos de acercamiento al Sacramento de la Penitencia. Debido a que "por el Sacramento de la Penitencia [los ministros] reconcilian a los pecadores con Dios y con la Iglesia"[14], esta celebración penitencial puede ofrecer asimismo el momento para la dirección o consejo espiritual.

Los munera (deberes) sacerdotales se vinculan íntimamente para el bien espiritual de los fieles: "Los presbíteros son, en la Iglesia y para la Iglesia, una representación sacramental

---

[12] Benedicto XVI, *Discurso del santo Padre Benedicto XVI a los Penitenciarios de las Cuatro Basílicas Papales* (19 de febrero, 2007): *AAS* 99 (2007), 252.

[13] Juan Pablo II, Exhortación Apostólica Post-Sinodal *Reconciliatio et Paenitentia* (2 de diciembre, 1984), 29: *AAS* 77 (1985), 255-256.

[14] Concilio Ecuménico Vaticano II, Decreto *Presbyterorum Ordinis*, 5.

de Jesucristo, Cabeza y Pastor, proclaman con autoridad su palabra; renuevan sus gestos de perdón y de ofrecimiento de la salvación, principalmente con el Bautismo, la Penitencia y la Eucaristía; ejercen, hasta el don total de sí mismos, el cuidado amoroso del rebaño, al que congregan en la unidad y conducen al Padre por medio de Cristo en el Espíritu"[15].

Por esta razón, precisamente, Pastores Dabo Vobis exhorta a los sacerdotes a que obtengan provecho de esta práctica, que es garantía de su vida espiritual: "Quiero dedicar unas palabras al Sacramento de la Penitencia, cuyos ministros son los sacerdotes, pero deben ser también sus beneficiarios, haciéndose testigos de la misericordia de Dios por los pecadores. Repito cuanto escribí en la Exhortación Reconciliatio et paenitentia: 'La vida espiritual y pastoral del sacerdote, como la de sus hermanos laicos y religiosos, depende, para su calidad y fervor, de la asidua y consciente práctica personal del Sacramento de la Penitencia. La celebración de la Eucaristía y el ministerio de los otros Sacramentos, el celo pastoral, la relación con los fieles, la comunión con los hermanos, la colaboración con el Obispo, la vida de oración, en una palabra toda la existencia sacerdotal sufre un inevitable decaimiento, si le falta, por negligencia o cualquier otro motivo, el recurso periódico e inspirado en una auténtica fe y devoción al Sacramento de la Penitencia. En un sacerdote que no se confesase o se confesase mal, su ser como sacerdote y su ministerio se resentirían muy pronto, y se daría cuenta también la Comunidad de la que es pastor' "[16]. Sin embargo, cuando tomo conciencia de que Dios siempre me perdona, como lo escribió Benedicto XVI, "cuando recibo el perdón, aprendo también a perdonar a los demás"[17].

La fecundidad pastoral emana de la Misericordia de Dios. La planeación pastoral será ineficaz si subestima la importancia

---

[15] Juan Pablo II, Exhortación Apostólica Post-Sinodal *Pastores Dabo Vobis* (25 de marzo, 1992), 15: *AAS* 84 (1992), 680.

[16] *Ibid*, 26: *l.c.* 699 citando "la Exhortación Apostólica Post-Sinodal *Reconciliatio et Paenitentia* (2 de diciembre, 1984), 31.

[17] Benedicto XVI, *Carta a los Seminaristas* (18 de octubre, 2010), 3.

de la confesión sacramental: "se ha de poner sumo interés en la pastoral de este sacramento de la Iglesia, fuente de reconciliación, de paz y alegría para todos nosotros, necesitados de la misericordia del Señor y de la curación de las heridas del pecado... Además, el Obispo ha de recordar a todos los que por oficio tienen cura de almas el deber de brindar a los fieles la oportunidad de acudir a la confesión individual. Y se cuidará de verificar que se den a los fieles las máximas facilidades para poder confesarse... Considerada a la luz de la Tradición y del Magisterio de la Iglesia la íntima unión entre el sacramento de la Reconciliación y la participación en la Eucaristía, es cada vez más necesario formar la conciencia de los fieles para que participen digna y fructuosamente en el Banquete eucarístico en estado de gracia"[18].

El ejemplo del Cura de Ars

En nuestros días, el ejemplo del Cura de Ars conserva aún gran importancia para nosotros. Las circunstancias históricas de su tiempo fueron extremadamente difíciles debido a la guerra, la persecución, el materialismo y el secularismo. Al llegar a su parroquia, pocos feligreses se acercaban al Sacramento de la Penitencia. Sin embargo, al final de su vida, acudían en grandes cantidades e incluso de otras diócesis a recibir el sacramento. Para el Cura de Ars, el ministerio de la reconciliación constituía un "prolongado martirio" que producía frutos saludables en gran abundancia. Al enfrentarse a situaciones de pecado, solía señalar, "No se sabe qué hacer, nada se puede hacer sino llorar y rezar". Y en verdad que el Cura de Ars no vivía sino para los pobres pecadores, como él decía, con la esperanza de verlos convertirse y llorar [arrepentidos]"[19]. La Iglesia siempre ha recomendado la confesión frecuente, incluso de quien no se

---

[18] Juan Pablo II, Exhortación Apostólica Post-Sinodal *Pastores Gregis* (16 de octubre, 2003), 39: *AAS* 96 (2004), 876-877

[19] Su Santidad Juan XXIII, Carta Encíclica *Sacerdotii Nostri Primordia* (1 de agosto, 1959), 85, 88, 90: *AAS* 51 (1959), 573-574.

encuentra en pecado grave, como una forma de progresar en la vida cristiana[20].

En su carta de 1986, que dirigió a los sacerdotes con ocasión del Jueves Santo, Juan Pablo II recordó el bicentenario del natalicio del Cura de Ars, y reconoció que "es sin duda alguna su incansable entrega al sacramento de la penitencia lo que ha puesto de manifiesto el carisma principal del Cura de Ars y le ha dado justamente su fama. Es bueno que ese ejemplo nos impulse hoy a restituir al ministerio de la reconciliación toda la importancia que le corresponde". Debido al hecho de que un gran número de personas "por diversas razones parecen abstenerse totalmente de la confesión, se hace urgente una pastoral del sacramento de la reconciliación, que ayude a los cristianos a redescubrir las exigencias de una verdadera relación con Dios, el sentido del pecado que nos cierra a Dios y a los hermanos, la necesidad de convertirse y de recibir, en la Iglesia, el perdón como un don gratuito del Señor, y también las condiciones que ayuden a celebrar mejor el sacramento, superando así los prejuicios, los falsos temores y la rutina. Una situación de este tipo requiere al mismo tiempo que estemos muy disponibles para este ministerio del perdón, dispuestos a dedicarle el tiempo y la atención necesarios, y, diría también, a darle la prioridad sobre otras actividades. De esta manera, los mismos fieles serán la recompensa al esfuerzo que, como el Cura de Ars, les dedicamos"[21].

El ministerio de la misericordia

Ejercer el ministerio de la reconciliación con gran generosidad contribuye a profundizar el significado del amor de Dios, a recobrar el sentido del pecado y de las imperfecciones que son obstáculos para el amor verdadero. La pérdida del sentido del pecado perturba el equilibrio interior de nuestros corazones y genera contradicción y conflicto en la sociedad humana.

---

[20] Cfr. *Ibid*, 95: *l.c.*, 574-575.

[21] Juan Pablo II, *Carta a los sacerdotes con ocasión del Jueves Santo* 1986, 7: *AAS* 78 (1986), 695.

Sólo la paz de un corazón sin divisiones puede superar la guerra y las tensiones. "En realidad de verdad, los desequilibrios que fatigan al mundo moderno están conectados con ese otro desequilibrio fundamental que hunde sus raíces en el corazón humano. Son muchos los elementos que se combaten en el propio interior del hombre"[22].

El servicio de la reconciliación, ejercido de manera auténtica, nos invitará a vivir en armonía con el corazón de Cristo. Esto es una "prioridad" pastoral ya que exige vivir la caridad del Buen Pastor, vivir "su amor al Padre en el Espíritu Santo, su amor a los hombres hasta inmolarse entregando su vida"[23]. Para dirigirnos a Dios, debemos exhortar a la gente a que reconozca sus propios pecados en el conocimiento pleno de que "Dios es más grande que nuestra conciencia" (1 Jn 3, 20). La dicha pascual de conversión –que produce santos y misioneros en todas las épocas– es fruto de todo ello.

La importancia del Sacramento de la Reconciliación también es evidente en la realidad de la Iglesia peregrina, la cual "encierra en su propio seno a pecadores, y siendo al mismo tiempo santa y necesitada de purificación, avanza continuamente por la senda de la penitencia y de la renovación"[24]. Para esto, la Iglesia dirige su mirada a María, quien "en la tierra precede con su luz al peregrinante Pueblo de Dios como signo de esperanza cierta y de consuelo hasta que llegue el día del Señor"[25].

2. Enfoque fundamental

Naturaleza del Sacramento de la Penitencia

El Sacramento del Perdón es un signo eficaz de la palabra, es acción salvadora y presencia de Cristo Redentor. A través

---

[22] Concilio Ecuménico Vaticano II, Constitución Pastoral *Gaudium et Spes*, 10.

[23] Juan Pablo II, Exhortación Apostólica Post-Sinodal *Pastores Dabo Vobis* (25 de marzo, 1992), 49: *l.c.*, 745

[24] Concilio Ecuménico Vaticano II, Constitución Dogmática *Lumen Gentium*, 8.

[25] *Ibid*, 68.

del sacramento, Cristo prolonga sus palabras de perdón en las palabras del sacerdote, mientras que asimismo transforma la actitud del penitente quien se reconoce pecador y pide perdón con la intención de expiación y propósito de enmienda. En el sacramento se hace realidad la sorpresa del hijo pródigo al verse perdonado por su padre, quien además prepara una fiesta para celebrar el regreso de su hijo amado (cfr. Lc 15, 22).

Celebración pascual, camino de conversión

La celebración del sacramento es esencialmente litúrgica, festiva y alegre en cuanto que guiado por el Espíritu Santo se orienta hacia el reencuentro con Dios y con el Buen Pastor. Jesús señaló este perdón con matices festivos y gozosos (Lc 15, 5-7; 9-10; 22-32). La celebración frecuente y habitual del Sacramento de la Penitencia resulta por lo tanto comprensible y deseable. Se encuentra a Cristo fácilmente en este sacramento ya que está en la Eucaristía, en la palabra viva, en la comunidad, en cada persona y asimismo en la pobreza de nuestros propios corazones.[26]

Este sacramento también celebra el llamado a la conversión como un regreso al Padre (cfr. Lc 15, 18). Se le denomina Sacramento de la "Penitencia" "porque consagra un proceso personal y eclesial de conversión, de arrepentimiento y de reparación por parte del cristiano pecador"[27]. También se denomina Sacramento de la "Confesión" porque "la declaración o manifestación, la confesión de los pecados ante el sacerdote, es un elemento esencial de este sacramento. En un sentido profundo, este sacramento es también una 'confesión' reconocimiento y alabanza de la santidad de Dios y de su misericordia para con el hombre pecador"[28]. Asimismo se le denomina "Sacramento del perdón", porque "por la absolución sacramental

---

[26] "El sacramento de la penitencia, que tanta importancia tiene para la vida del cristiano, hace actual la eficacia redentora del misterio pascual de Cristo": Benedicto XVI, *Discurso a los Penitenciarios de las cuatro basílicas de Roma* (19 de febrero, 2007): *L.c.*, 250.

[27] *Catecismo de la Iglesia Católica*, n. 1423, b.

[28] *Ibid*, n. 1424.

del sacerdote, Dios concede al penitente 'el perdón' y la paz", y sacramento de "Reconciliación" porque "otorga al pecador el amor de Dios que reconcilia"[29].

La celebración sacramental de "conversión" está íntimamente ligada al desafío de responder al amor de Dios. Por ello, dicho llamado a la conversión "es una parte esencial del anuncio del Reino"[30]. De esta manera, el cristiano es atraído por el "movimiento de un 'corazón contrito' (Sal 51, 17), atraído y movido por la gracia (cfr. Jn 6, 44; 12, 32) a responder al amor misericordioso de Dios quien nos ha amado primero (cfr. 1 Jn 4, 10)"[31].

Camino a la santidad

Es el camino hacia la santidad al que llama y hace posible el Bautismo, la Eucaristía, la Confirmación y la Palabra de Dios. De esta manera actúa dicha realidad ministerial de la gracia que describe san Pablo: "Somos embajadores de Cristo y es como si Dios hablase por nosotros. Por Cristo les suplicamos: Déjense reconciliar con Dios" (2 Cor 5, 20). El motivo principal de la invitación de Pablo es que Dios "lo trató por nosotros como un pecador, para que nosotros, por su medio, fuéramos inocentes ante Dios" (2 Cor 5, 21). Por lo tanto, "ahora, libres del pecado y esclavos de Dios, su fruto es una consagración que desemboca en vida eterna" (Rom 6, 22).

Resulta posible experimentar esta dinámica del perdón misericordioso de Dios desde la infancia e incluso antes de la Primera Comunión. Los niños "inocentes", movidos por la confianza y la alegría filial, pueden enfrentarse con esta experiencia[32]. Por esta razón y con ese fin, dichas almas deben

---

[29] *Ibid*; cfr. 2 Cor 5, 20; Mt 5, 24.

[30] *Catecismo de la Iglesia Católica*, n. 1427.

[31] *Ibid*, n. 1428.

[32] Cfr. Juan Pablo II, *Discurso a los seminaristas de Yugoslavia* (26 de abril, 1985).

ser preparadas a través de una catequesis en verdad apropiada antes de recibir su Primera Comunión.

Al adentrarse en esta dinámica evangélica, se comprende fácilmente la importancia de confesar los pecados veniales y las imperfecciones con la determinación consciente de "progresar en la vida del Espíritu" y desear la transformación de nuestras vidas en expresión de la misericordia divina para los demás[33]. De esta manera, estamos en armonía con los sentimientos de Cristo quien solo es expiación de nuestros pecados (cfr. Rom 3, 25; 1 Jn 2, 1-2)[34].

Una vez que el sacerdote toma conciencia de esta realidad de gracia, no puede sino animar a los fieles a acercarse al Sacramento de la Penitencia. Así, "cuando celebra el sacramento de la Penitencia, el sacerdote ejerce el ministerio del Buen Pastor que busca la oveja pedida, el del Buen Samaritano que cura las heridas, del Padre que espera al hijo pródigo y lo acoge a su vuelta, del justo Juez que no hace acepción de personas y cuyo juicio es a la vez justo y misericordioso. En una palabra, el sacerdote es el signo y el instrumento del amor misericordioso de Dios con el pecador"[35]. "El Buen Pastor sale en busca de la oveja perdida. Cuando la encuentra la coloca en esos mismos hombros que resistieron el peso del madero de la Cruz, y la lleva a la vida eterna"[36].

Un misterio de gracia

El respeto hacia el "secreto de confesión sacramental" es muestra de que la celebración penitenciaria del sacramento es una realidad de gracia cuyo itinerario se encuentra "trazado" en el Corazón de Jesús y en profunda amistad con él. Una

---

[33] Cfr. *Catecismo de la Iglesia Católica*, n. 1458.

[34] *Ibid.*, n. 1460.

[35] *Ibid.*, n. 1465.

[36] San Gregorio Nazianzeno, *Sermones*, 45.

vez más, el misterio y dignidad de Cristo se manifiestan en el misterio y dignidad del hombre[37].

Los efectos de la gracia del sacramento son: reconciliación con Dios (restauración de la paz y amistad con Él), reconciliación con la Iglesia (reintegración con la comunión de los santos) y reconciliación consigo mismo (unificación del propio corazón). En consecuencia, el penitente "se reconcilia con los hermanos, agredidos y lesionados por él de algún modo; se reconcilia con la Iglesia; se reconcilia con toda la creación"[38].

La dignidad del penitente brota en la celebración sacramental donde manifiesta la sinceridad de su conversión y pesadumbre. En efecto, se reintegra "en la celebración del sacramento mediante sus actos que se completan con las palabras de absolución que pronuncia el sacerdote en nombre de Cristo[39]. Por lo tanto, podemos decir que el cristiano, a medida que experimenta la misericordia de Dios en su vida y la proclama, celebra con el sacerdote la liturgia de la Iglesia, la cual se convierte y renueva continuamente[40].

La celebración del sacramento actualiza la historia de gracia que emana del Señor. "A lo largo de la historia y en la praxis constante de la Iglesia, el 'ministerio de la reconciliación' (2 Cor 5, 18), concedida mediante los sacramentos del Bautismo y de la Penitencia, se ha sentido siempre como una tarea pastoral muy relevante, realizada por obediencia al mandato de Jesús"[41].

---

[37] Cfr. Concilio Ecuménico Vaticano II, Constitución Pastoral *Gaudium et Spes*, 22. El ministerio de la reconciliación "debe estar protegido en su sacralidad debido a razones teológicas, jurídicas y psicológicas que ya comenté en discursos anteriores, y asimismo debido al respeto amoroso que debe tenerse para con la relación íntima entre Dios y el pecador a través del cual se caracteriza": Juan Pablo II, *Discurso a los Miembros de la Penitenciaria Apostólica* (12 de marzo, 1994), 3: *AAS* 87 (1995), 76; cfr. *Catecismo de la Iglesia Católica*, n. 1467.

[38] *Catecismo de la Iglesia Católica*, n. 1469; cfr. Juan Pablo II, Exhortación Apostólica Post-Sinodal *Reconciliatio et Paenitentia* (2 de diciembre, 1984), 31, V: *l.c.* 265.

[39] *Rituale Romanum – Ordo Paenitentiae* (2 de diciembre, 1973), Praenotanda 11: editio typica (1974), pp. 15-16.

[40] *Ibid.*

[41] Juan Pablo II, Carta Apostólica, en forma de *Motu Proprio*, *Misericordia Dei* (7 de abril, 2002): *l.c.*, 452.

Es un camino "sacramental", signo eficaz de la gracia, que forma parte de la sacramentalidad de la Iglesia. Asimismo, es el camino que se menciona en el Padrenuestro donde pedimos perdón al mismo tiempo que ofrecemos nuestro perdón. Esta experiencia de reconciliación promueve el deseo por la paz de toda la humanidad en el corazón del penitente: "El anhelo del cristiano es que toda la familia humana pueda invocar a Dios como 'Padre nuestro' "[42].

3. Algunas orientaciones prácticas

El ministerio de despertar la disposición adecuada en el penitente

Desde la historia más temprana de la Iglesia, la reconciliación y la penitencia o "conversión" asumen diversas formas de expresión y se presentan en diferentes momentos: la celebración de la Eucaristía, tiempos litúrgicos especiales (como Cuaresma), examen de conciencia, oración filial, limosna, sacrificio, etcétera. Sin embargo, el momento en verdad privilegiado para la reconciliación y penitencia o conversión es a través de la celebración del Sacramento de la Penitencia o Reconciliación, el cual desde la situación del penitente, consiste en contrición, confesión y satisfacción, y por parte del sacerdote, conlleva la absolución e invitación a una mayor apertura al amor de Dios.

La confesión directa, simple e integral de los pecados restaura la comunión con Dios y con nuestro prójimo, en especial en la comunidad eclesial. La "Conversión" como la vuelta a cumplir la voluntad de Dios, implica el arrepentimiento sincero del penitente y en consecuencia el reconocimiento y disposición de enmendar su propia vida. Asimismo, la vida se reorienta en el camino del amor hacia Dios y el prójimo.

El penitente, en presencia de Cristo Resucitado en el sacramento (y en su ministro), confiesa sus propios pecados, expresa su propia tristeza y se compromete a enmendar su vida. La

---

[42] Benedicto XVI, Carta Encíclica *Caritas in Veritate* (29 de junio, 2009), 79.

gracia del Sacramento de la Penitencia es la gracia del perdón que llega a la raíz misma de todos los pecados cometidos después del Bautismo y sana nuestras imperfecciones y desviaciones al conferirle al cristiano la fortaleza de la "conversión" o la fuerza de una mayor apertura a la perfección del amor.

Los gestos externos mediante los cuales expresamos la disposición penitencial interior son múltiples: oración, limosna, sacrificio, santificación de los tiempos litúrgicos, etcétera. Sin embargo "la conversión y la penitencia diarias encuentran su fuente y su alimento en la Eucaristía"[43]. En la celebración del Sacramento de la Penitencia experimentamos aquel camino de regreso a casa que describe Jesús en la parábola del hijo pródigo: "Sólo el corazón de Cristo, que conoce las profundidades del amor de su Padre, pudo revelarnos el abismo de su misericordia de una manera tan llena de simplicidad y de belleza"[44].

La gracia de Dios, quien tomó la iniciativa de amarnos, le permite al penitente realizar estos gestos. El examen de conciencia se realiza a la luz del amor de Dios y de su Palabra. Al reconocer sus propios pecados, el pecador asume su propia responsabilidad por ellos y movido por la gracia, manifiesta su tristeza y aborrecimiento del pecado especialmente ante Dios quien nos ama y juzga nuestras acciones con misericordia. Por lo tanto, el reconocimiento y la confesión integral de los pecados ante el sacerdote forma parte de la acción del Espíritu de amor, que va más allá del dolor de la contrición (por amor) o el agotamiento (por miedo a la justicia divina).

La celebración litúrgica

La celebración del Sacramento de la Reconciliación es un acto litúrgico. De acuerdo con el Rito de la Penitencia, consiste en un saludo y una bendición seguidos de la lectura de la Palabra de Dios, la invitación al arrepentimiento, confesión, consejo y exhortación, la imposición y aceptación de la penitencia,

---

[43] *Catecismo de la Iglesia Católica*, n. 1436,

[44] *Ibid.*, n. 1439.

absolución de los pecados, agradecimiento, la bendición y despedida[45]. El confesionario decoroso y en un lugar apropiado "provisto de rejillas entre el penitente y el confesor que puedan utilizar libremente los fieles que así lo deseen"[46] resultan de gran utilidad tanto para el penitente como para el sacerdote.

La forma ordinaria de confesión, es decir, la confesión individual (aunque se preceda de una preparación comunitaria) es un momento excelente para exhortar a la gente a una vida de santidad y en consecuencia a la dirección espiritual (con el mismo confesor u otro). "Gracias también a su índole individual la primera forma de celebración permite asociar el Sacramento de la Penitencia a algo distinto, pero conciliable con ello: me refiero a la dirección espiritual. Es pues cierto que la decisión y el empeño personal están claramente significados y promovidos en esta primera forma"[47]. "Cuando sea posible, es conveniente también que, en momentos particulares del año, o cuando se presente la oportunidad, la confesión de varios penitentes tenga lugar dentro de celebraciones penitenciales, como prevé el ritual, respetando las diversas tradiciones litúrgicas y dando un mayor tiempo a la celebración de la Palabra con lecturas apropiadas"[48].

"En casos de necesidad grave se puede recurrir a la celebración comunitaria de la reconciliación con confesión general y absolución general". Sin embargo, de acuerdo con las normas de la ley, "para que un fiel reciba válidamente la absolución sacramental dada a varios a la vez, se requiere no sólo que esté debidamente dispuesto, sino que se proponga a la vez hacer en su debido tiempo confesión individual de todos los pecados graves que en las presentes circunstancias no ha podido confesar de ese modo"[49]. Respecto a la decisión

---

[45] Benedicto XVI, Exhortación Apostólica Post-Sinodal *Verbum Dei*, 61.

[46] *Codex Iuris Canonici (CIC)*, can. 964 § 2.

[47] Juan Pablo II, Exhortación Apostólica Post-Sinodal *Reconciliatio et Paenitentia* (2 de diciembre, 1984), 32: *l.c.*, 267-268.

[48] Benedicto XVI, Exhortación Apostólica Post-Sinodal *Verbum Domini*, 61.

[49] *Catecismo de la Iglesia Católica*, n. 1483; cfr. *CIC*, can 962 § 1; *Codex Canonum Ecclesiarum Orientalium (CCEO)*, can. 721.

relativa a la existencia de las condiciones que exige la norma de la ley, le "corresponde al Obispo diocesano juzgar si se dan las condiciones requeridas a tenor del § 1, 2, el cual, teniendo en cuenta los criterios acordados con los demás miembros de la Conferencia Episcopal, puede determinar los casos en los que se verifica esa necesidad"[50].

De esta manera, "la confesión individual e íntegra y la absolución continúan siendo el único modo ordinario para que los fieles se reconcilien con Dios y la Iglesia, a no ser que una imposibilidad física o moral excuse de este modo de confesión… Por tanto, la confesión personal es la forma más significativa de la reconciliación con Dios y con la Iglesia"[51].

Normas prácticas que establece la Iglesia:
una expresión de caridad pastoral

El Código de Derecho Canónico incluye normas prácticas para la confesión individual y las celebraciones comunitarias[52], así como sobre el lugar y arreglo de los confesionarios[53]. Respecto al ministro del sacramento, estas normas reproducen normas de la probada tradición de la Iglesia y de su amplia experiencia. Dichas normas incluirían asuntos tales como la facultad ordinaria de escuchar confesiones y la facultad de absolver ciertos casos especiales[54]. Por lo tanto, resulta necesario cumplir con todo lo dispuesto por la Iglesia en cuanto a su enseñanza moral[55]. Los confesores siempre deberán comportarse como servidores justos y compasivos

---

[50] *CIC*, can. 961; cfr. *CCEO*, can. 720.

[51] *Catecismo de la Iglesia Católica*, n. 1484.

[52] *CIC*, can. 959-963, *CCEO*, cann. 718-721.

[53] *CIC*, can. 964: "§ 1, El lugar propio para oír confesiones es una iglesia u oratorio. § 2. Por lo que se refiere a la sede para oír confesiones, la Conferencia Episcopal dé normas, asegurando en todo caso que existan siempre en lugar patente confesionarios provistos de rejillas entre el penitente y el confesor que puedan utilizar libremente los fieles que así lo deseen. § 3. No se deben oír confesiones fuera del confesionario, si no es por justa causa". Cfr. *CCEO*, can. 736. § 1.

[54] *CIC*, cann. 965-977; *CCEO*, cann. 722-730.

[55] *CIC*, can. 978 § 2.

con el fin de que puedan respetar el honor divino y (para) la salvación de las almas[56].

Estas normas ayudan en el ejercicio de la debida prudencia "atendiendo a la condición y edad del penitente"[57], y asimismo ofrecen una guía práctica al establecer una "satisfacción conveniente"[58]. En este contexto del misterio de la divina gracia y del corazón humano podemos llegar a una mayor comprensión de la idea del "secreto" sacramental[59].

Otras normas tienen como finalidad ayudar al penitente a realizar una confesión clara, como lo es el deseo de expresar el número y tipo de pecados graves[60], en el momento oportuno, o bajo circunstancias especiales (a través de un intérprete), en total libertad, a un sacerdote autorizado de su propia elección[61].

El rito de la Penitencia también incluye normas doctrinarias y disciplinarias sobre el Sacramento de la Penitencia: preparación del sacerdote, bienvenida, celebración del sacramento en todos sus detalles. Estos lineamientos ayudan al penitente a moldear su vida de acuerdo con la gracia recibida en el sacramento. De esta manera, la celebración comunitaria del Rito de la Penitencia, con absolución individual, es igualmente una gran ayuda para la confesión individual, que siempre es la manera ordinaria de la celebración del Sacramento de la Penitencia.

La Carta Apostólica que dirigió Juan Pablo II, en forma de motu proprio, Misericordia Dei, sobre algunos aspectos de la celebración del Sacramento de la Penitencia, aborda muchas normas prácticas para reglamentar la celebración del sacramento en sus diversas formas y en cuanto a sus diversos aspectos.

---

[56] *CIC*, can. 978 §1; *CCEO*, can. 732 § 2.

[57] *CIC*, can. 979.

[58] *CIC*, can. 981. *CCEO*, can 732 § 1

[59] Cfr. *CIC*, cann. 982-984. *CCEO*, cann. 731; 733-734

[60] Cfr. *CIC*, can. 988, §1: "El fiel está obligado a confesar según su especie y número todos los pecados graves cometidos después del bautismo y aún no perdonados directamente por la potestad de las llaves de la Iglesia ni acusados en confesión individual, de los cuales tenga conciencia después de un examen diligente".

[61] Cfr. *Ibid.*, cann. 987-991; *CCEO*, can. 719.

Orientación en el camino a la santidad en armonía con la acción del Espíritu Santo

En todas estas diversas formas de celebrar el Sacramento de la Penitencia, lo más importante es ayudar al penitente a conformarse a Cristo. Un consejo sencillo y sabio puede llegar a dar luz a la vida o bien sacudir a la persona para que considere con seriedad el proceso de contemplación y perfección bajo la guía de un buen director espiritual (como veremos en la segunda parte de este documento). El director espiritual es un instrumento en las manos de Dios, que ayuda a los demás a descubrir lo que desea Dios para ellos en el momento actual: su conocimiento no es simplemente conocimiento humano. La homilía en la celebración comunitaria o un consejo privado dado en confesión puede tener un efecto especial para toda la vida.

En todo momento, deberá valorarse atentamente la evolución del penitente. En algunas ocasiones, podría ser necesario ayudarlo a lograr una conversión aún más radical para que pueda recuperar o reavivar su decisión fundamental por la fe. En otras, el sacerdote quizá deba ayudar al penitente en el proceso normal de santificación, conformado por una purificación integrada, iluminación y unión.

La confesión frecuente de los pecados veniales o imperfecciones es consecuencia de fidelidad al Bautismo y a la Confirmación, y expresa el deseo sincero de perfección y un regreso al plan del Padre para que Cristo pueda vivir verdaderamente en nosotros a través de una vida de mayor fidelidad al Espíritu Santo. Por otro lado, "teniendo en cuenta la vocación de todos los fieles a la santidad, se les recomienda confesar también los pecados veniales"[62].

---

[62] Juan Pablo II, Carta Apostólica, en forma de *Motu proprio, Misericordia Dei* (7 de abril, 2002), 3: *l.c.*, 456.

Disponibilidad ministerial y acogimiento paternal

Ante todo, la oración y la penitencia son esenciales para el bien de las almas. En consecuencia, la disposición ministerial genuina y la aceptación paternal serán posibles.

Aquellos a quienes se les ha confiado el cuidado de las almas "están obligados a proveer que se oiga en confesión a los fieles que les están confiados y que lo pidan razonablemente; y a que se les dé la oportunidad de acercarse a la confesión individual, en días y horas determinadas que les resulten asequibles"[63]. Donde esto sucede, como ya lo mencionamos, por lo común ocurren resultados positivos, y no sólo en algunos santuarios sino igualmente en numerosas parroquias e iglesias.

Una mayor disposición ministerial provoca el deseo por la perfección cristiana. La ayuda del sacerdote, antes o después de la confesión, puede encausarlo a un mayor conocimiento de sí mismo y, a la luz de la fe, puede hacer brotar en él la contrición e intención de una conversión de vida personal, así como la reparación, corrección y enmienda de vida para superar una respuesta insuficiente al amor de Dios.

La parte final de la celebración de la penitencia, recitada luego de la absolución, hablando de manera estricta, es la recomendación. Contiene gran riqueza espiritual y es un tesoro pastoral. Siempre debe mencionarse dado que dirige el corazón del penitente hacia la pasión de Cristo, los méritos de la Santísima Virgen María y de los Santos, y hacia la cooperación a través de las buenas obras subsecuentes.

Debido a que el sacerdote actúa en nombre de Cristo, el Buen Pastor, tiene la obligación imperiosa de conocer los padecimientos de su rebaño y asimismo mantenerse cerca del penitente. Tiene el deber de fidelidad al Magisterio de la Iglesia en asuntos relativos a la moralidad y perfección cristianas, vivir una vida de oración auténtica, ser prudente al escuchar a los penitentes, y al plantearles preguntas. Asimismo debe

---

[63] *CIC*, can. 986. *CCEO*, can. 735.

estar disponible para aquellos que solicitan razonablemente el sacramento y apegarse a los dictados del Espíritu Santo. Todo ello es la manera fraternal y paternal de imitar al Buen Pastor, así como una prioridad pastoral. Cristo, presente en la celebración de los sacramentos, debe vivir en los corazones de los penitentes y llama a su ministro a la oración, el estudio, la invocación del Espíritu Santo y el acogimiento paternal.

Desde esta perspectiva de caridad pastoral, vemos que "la falta de disponibilidad para acoger a las ovejas descarriadas, e incluso para ir en su búsqueda y poder devolverlas al redil, sería un signo doloroso de falta de sentido pastoral en quien, por la ordenación sacerdotal, tiene que llevar en sí la imagen del Buen Pastor [...] En particular, se recomienda la presencia visible de los confesores [...] y la especial disponibilidad... para atender a las necesidades de los fieles, durante la celebración de la Santa Misa"[64]. En el caso de una "Misa concelebrada, se recomienda amablemente que algunos sacerdotes se abstengan de concelebrar con el fin de escuchar las confesiones de los fieles"[65].

La descripción del Cura de Ars respecto a este ministerio, resalta los aspectos de acogimiento y solicitud. Benedicto XVI lo comenta y dice: "Todos los sacerdotes hemos de considerar como dirigidas personalmente a nosotros aquellas palabras que él ponía en boca de Jesús: 'Encargaré a mis ministros que anuncien a los pecadores que estoy siempre dispuesto a recibirlos, que mi misericordia es infinita'. Los sacerdotes podemos aprender del Santo Cura de Ars no sólo una confianza infinita en el sacramento de la Penitencia, que nos impulse a ponerlo en el centro de nuestras preocupaciones pastorales, sino también el método del "diálogo de salvación" que en él se debe entablar. El cura de Ars se comportaba de

---

[64] Juan Pablo II, Carta Apostólica, en forma de *Motu proprio, Misericordia Dei* (7 de abril, 2002), 1b-2: *l.c.* 455.

[65] Cfr. Congregación para el Culto Divino y la Disciplina de los Sacramentos, Respuesta *Quaenam sunt dispositiones* sobre normas relativas a la celebración del Sacramento de la Penitencia (31 de julio, 2001): *Notitiae* 37(2001) 259-260 (EV 20 [2001] n. 1504).

manera diferente con cada penitente[66] En este contexto, podemos comprender sus comentarios a un hermano sacerdote: "Le diré cuál es mi receta: doy a los pecadores una penitencia pequeña y el resto lo hago yo por ellos"[67].

Formación y actualización de los sacerdotes
para poder guiar a los fieles en diversas circunstancias

Del Cura de Ars podemos aprender a diferenciar los tipos de penitentes para poder brindarles una mejor ayuda según su disposición. Si bien expone modelos de santidad para los más fervientes, exhortó a todos a adentrarse en el "torrente de misericordia divina", haciendo surgir con ello la esperanza de enmienda de vida: "El buen Dios lo sabe todo. Antes incluso de que se lo confeséis, sabe ya que pecaréis nuevamente y sin embargo os perdona. ¡Qué grande es el amor de nuestro Dios que le lleva incluso a olvidar voluntariamente el futuro, con tal de perdonarnos!"[68].

Este esfuerzo de caridad "era sin duda para él la mayor de sus ascesis, un verdadero "martirio" pastoral ". Por ello, "el Señor le concedía reconciliar a grandes pecadores arrepentidos, y también guiar hacia la perfección a las almas que lo deseaban"[69].

El confesor es pastor, padre, maestro, profesor, juez espiritual y médico que diagnostica y cura. "Al oír confesiones, tenga presente el sacerdote que hace las veces de juez y de médico, y que ha sido constituido por Dios ministro de justicia y a la vez de misericordia divina, para que provea al honor de Dios y a la salud de las almas"[70].

María es Madre de Misericordia porque ella es Madre de Cristo Sacerdote, el revelador de misericordia. Como nadie más, Ella "experimentó misericordia de una manera singular

---

[66] Benedicto XVI, *Carta para la Convocación de un Año Sacerdotal con ocasión del 150 Aniversario del* Dies *Natalis del Santo Cura de Ars* (16 de junio, 2009).

[67] *Ibid.*

[68] *Ibid.*

[69] Juan Pablo II, *Carta a los sacerdotes con ocasión del Jueves Santo* 1986, 7: *l.c.*, 695.

[70] *CIC*, can. 978 § 1. *CCEO*, can. 732 § 2.

y excepcional... [ella] es la que conoce más a fondo el misterio de la misericordia divina" y en consecuencia ostenta una "especial aptitud para llegar a todos aquellos que aceptan más fácilmente el amor misericordioso de parte de una madre"[71]. La espiritualidad mariana de todo sacerdote permitirá que sus actividades se impregnen del corazón maternal de María, reflexión de la misericordia divina.

Nuevas circunstancias, nuevas gracias y renovado fervor de los sacerdotes

Debemos reconocer las presentes dificultades que enfrenta el ministerio de la penitencia debido a cierta pérdida del sentido del pecado, cierta animadversión hacia este sacramento, cierta ceguera a la utilidad de la confesión de los pecados y asimismo el agotamiento que sufren muchos sacerdotes por sus múltiples obligaciones. Sin embargo, la confesión es un renacimiento espiritual que transforma al pecador en una nueva creación y lo une con la amistad por Cristo. Por lo tanto, es manantial de alegría para aquellos que sirven al Buen Pastor.

Al ejercer este misterio, el sacerdote le da vida de manera especial a su participación como instrumento de un acontecimiento formidable de gracia. A la luz de la fe, puede experimentar la realidad de la misericordia amorosa del Padre. Las palabras y gestos del sacerdote son un medio para hacer presente el milagro efectivo de gracia. Si bien hay otros instrumentos eclesiales que comunican la misericordia de Dios (la Eucaristía, signo mayor de su misericordia), la celebración del Sacramento de la Penitencia la cumple de manera más integral y eminente[72]. No sólo es un medio privilegiado que alienta a quien recibe perdón sino asimismo es seguimiento generoso de aquellos que han emprendido el camino hacia la identificación con Cristo. El camino del discipulado

---

[71] Juan Pablo II, Carta Encíclica *Dives in Misericordia*, 9; *l.c.*, 1208.

[72] Juan Pablo II, *Homilía en Maribor (Eslovenia)*, 19 de mayo, 1996.

evangélico (de los fieles y sacerdotes) exige esta ayuda para mantener su compromiso generoso.

Esta perspectiva de aliento requiere una mayor atención en la capacitación del sacerdote: "En este misterioso proceso de renovación interior, el confesor no es un espectador pasivo, sino persona dramatis, es decir, instrumento activo de la misericordia divina. Por tanto, es necesario que, además de una buena sensibilidad espiritual y pastoral, tenga una seria preparación teológica, moral y pedagógica, que lo capacite para comprender la situación real de la persona. Además, le conviene conocer los ambientes sociales, culturales y profesionales de quienes acuden al confesonario, para poder darles consejos adecuados y orientaciones espirituales y prácticas... Por tanto, además de la sabiduría humana y la preparación teológica, es preciso añadir una profunda vena de espiritualidad, alimentada por el contacto con Cristo, Maestro y Redentor, en la oración"[73]. La formación continua del clero es de gran ayuda en esta empresa; por ejemplo, días de formación para el clero, cursos o programas especiales, como aquellos que ofrece la Penitenciaría Apostólica.

---

[73] Benedicto XVI, *Discurso a los Penitenciarios de las Cuatro Basílicas Papales* (19 de febrero, 2007); véase también su *Discurso a los participantes en el curso sobre el fuero interno organizado por la penitenciaría apostólica*, (7 de marzo, 2008). Las palabras de Juan Pablo II y de Benedicto XVI a la Penitenciaría Apostólica ofrecen una catequesis abundante sobre la celebración del Sacramento de la Penitencia, además de acrecentar el ánimo de los ministros a vivirlo ellos mismos y ayudar a los fieles en esta experiencia de perdón y santificación. Además de los documentos citados, pueden consultarse los que se mencionan a continuación: Rituale Romanum – *Ordo Paenitentiae* (2 de diciembre, 1973); Juan Pablo II, Carta Encíclica *Dives in Misericordia* (30 de noviembre, 1980); Exhortación Apostólica Post-Sinodal *Reconciliatio et Paenitentia* (2 de diciembre, 1984); Carta Apostólica en forma de *Motu Proprio, Misericordia Dei* sobre algunos aspectos de la celebración del Sacramento de la Penitencia (7 de abril, 2002); Penitenciaría Apostólica, *Il sacramento della penitenza nei Messaggi di Giovanni Paolo II alla Penitenziaria Apostolica 1981, 1989-2000* (13 de junio, 2000; Pontificio Concilio para la Familia, *Vademecum per i confessori su alcuni temi di morale attenenti alla vita coniugale* (1997). Las notas también citan los discursos de Benedicto XVI a la Penitenciaria Apostólica. Véase también: *CIC*, Libro IV, Parte I, título IV; *Catecismo de la Iglesia Católica*, parte II, artículo 4.

II.
EL MINISTERIO DE
LA DIRECCIÓN ESPIRITUAL

1. Importancia actual, momento de gracia

Itinerario histórico y contemporáneo

El consejo espiritual es práctica habitual desde la historia temprana de la Iglesia hasta nuestro tiempo. En ocasiones, se le menciona como dirección espiritual o acompañamiento espiritual. Es una actividad antigua y probada que ha producido frutos de santidad y disposición evangélica.

Los Padres, el Magisterio, incontables escritores espirituales y las normas que gobiernan la vida eclesial, todos ellos hablan de la necesidad de dirección espiritual, en especial para aquellos en capacitación o formación, así como para quienes viven en ciertas condiciones eclesiales. Hay algunos momentos en la vida que exigen un discernimiento especial y acompañamiento fraterno. Esto es producto de la lógica de la vida cristiana. "Es necesario redescubrir la gran tradición del acompañamiento espiritual individual, que ha dado siempre tantos y tan preciosos frutos en la vida de la Iglesia"[74].

Nuestro Señor estaba cerca de Sus discípulos. La dirección espiritual, bajo diferentes apelativos, siempre ha existido en la Iglesia. Inicialmente, estuvo presente en los monasterios de Oriente y Occidente. A partir de la Edad Media, fue parte esencial de las diferentes escuelas de espiritualidad. A través de los escritos de santa Teresa de Ávila, san Juan de la Cruz,

---

[74] Juan Pablo II, Exhortación Apostólica Post-Sinodal *Pastores Dabo Vobis* (25 de marzo, 1992), 40: *l-c.*, 723.

san Ignacio de Loyola, san Francisco de Sales, san Alfonso María de Ligorio y del Cardenal Pierre de Bérulle, puede constatarse que tuvo una amplísima aplicación en la vida cristiana durante los siglos XVI y XVII. Aunque la dirección espiritual siempre la impartieron monjes y sacerdotes, otros miembros de los fieles (religiosos y laicos) –santa Catalina, por ejemplo- también han dado consejo espiritual. La legislación eclesiástica ha aprovechado toda esta experiencia y la ha aplicado en la formulación de normas para la formación del sacerdocio y la vida religiosa. Asimismo, puede encontrarse gente laica –hombres y mujeres– que ofrecen este servicio de consejería en el camino hacia la santidad.

La formación sacerdotal para el acompañamiento espiritual

La dirección espiritual es una ayuda en el camino de santificación a la disposición de los fieles sin importar su estado de vida. En las circunstancias actuales, aunque se da un incremento en la demanda de dirección espiritual por parte de los fieles, igualmente existe la enorme necesidad de preparar de mejor manera a los sacerdotes para que estén en condiciones de brindar dirección espiritual. Esta capacitación hará que den consejo espiritual con mayor diligencia, discernimiento y acompañamiento espiritual. En los lugares donde se dispone de la práctica de la dirección espiritual fluyen en forma de renovación personal y comunitaria, vocaciones, espíritu misionero, así como la alegría de la esperanza.

El estudio de teología espiritual y la vida espiritual misma son cada vez más necesarios durante el periodo de preparación para el sacerdocio. En realidad, la dirección espiritual es un aspecto integral del ministerio de predicación y reconciliación. El sacerdote es llamado a guiar almas por el camino de la identificación con Cristo, y esto incluye igualmente el sendero de la contemplación. La dirección espiritual, en cuanto discernimiento del Espíritu, forma parte del ministerio. "Examinando los espíritus para ver si son de

Dios, descubran con el sentido de la fe los multiformes carismas de los seglares"[75].

Desde el primer momento, en el seminario, la dirección espiritual es parte esencial de la formación inicial para el sacerdocio: "los alumnos se han de preparar por una formación religiosa peculiar, sobre todo por una dirección espiritual conveniente, para seguir a Cristo Redentor con generosidad de alma y pureza de corazón"[76].

La dirección espiritual no es simplemente una consulta doctrinal. Más bien, implica nuestra relación y configuración íntima con Cristo. Esta situación siempre es Trinitaria: "La formación espiritual ha de ir íntimamente unida con la doctrinal y la pastoral, y con la cooperación, sobre todo, del director espiritual; ha de darse de forma que los alumnos aprendan a vivir en continua comunicación con el Padre por su Hijo en el Espíritu Santo"[77].

Dirección espiritual y ministerio sacerdotal

Al describir los *munera* sacerdotales, debe tomarse en cuenta su relación vital con la vida espiritual de los fieles: "Vosotros sois los ministros de la Eucaristía, los dispensadores de la misericordia divina en el Sacramento de la Penitencia, los consoladores de las almas, los guías de todos los fieles en las tempestuosas dificultades de la vida"[78].

La dirección espiritual siempre se ha atribuido gran importancia al discernimiento del Espíritu con miras a la santificación, la misión apostólica y la comunión en la vida eclesial. La lógica del Espíritu impulsa a vivir en la verdad y en la bondad según el ejemplo de Cristo. Es necesario orar por Su iluminación y Su fortaleza con el fin de discernir la manera de ser fieles a Sus directivas.

---

[75] Concilio Ecuménico Vaticano II, Decreto *Presbyterorum Ordinis*, 9.

[76] Concilio Ecuménico Vaticano II, Decreto *Optatam Totius*, 3.

[77] *Ibid.*, 8.

[78] Juan Pablo II, Exhortación Apostólica Post-Sinodal *Pastores Dabo Vobis* (25 de marzo, 1992), 4: *l.c.*, 663.

Puede decirse que es una verdadera prioridad la atención de la vida espiritual de los fieles, guiándolos por el camino de la contemplación y la perfección, y ayudándolos en su discernimiento vocacional: "En esta perspectiva, la atención a las vocaciones al sacerdocio se debe concretar también en una propuesta decidida y convincente de dirección espiritual... Por su parte, los sacerdotes sean los primeros en dedicar tiempo y energías a esta labor de educación y de ayuda espiritual personal. No se arrepentirán jamás de haber descuidado o relegado a segundo plano otras muchas actividades también buenas y útiles, si esto lo exigía la fidelidad a su ministerio de colaboradores del Espíritu en la orientación y guía de los llamados"[79].

El cuidado pastoral de los jóvenes, en especial al ayudarlos a discernir su vocación apropiada, incluye igualmente la dirección espiritual y el consejo: "Como decía el Cardenal Montini, futuro Pablo VI, 'la dirección espiritual tiene una función hermosísima y, podría decirse indispensable, para la educación moral y espiritual de la juventud, que quiera interpretar y seguir con absoluta lealtad la vocación, sea cual fuese, de la propia vida; ésta conserva siempre una importancia beneficiosa en todas las edades de la vida, cuando, junto a la luz y a la caridad de un consejo piadoso y prudente, se busca la revisión de la propia rectitud y el aliento para el cumplimiento generoso de los propios deberes. Es medio pedagógico muy delicado, pero de grandísimo valor; es arte pedagógico y psicológico de grave responsabilidad en quien la ejerce; es ejercicio espiritual de humildad y de confianza en quien la recibe' "[80].

Por lo común, la dirección espiritual se vincula con el Sacramento de la Penitencia, por lo menos en el sentido de una posible consecuencia del mismo, cuando los fieles solicitan ayuda en el sendero de santidad, y asimismo en el camino específico de su vocación personal: "Junto con el Sacramento de la Reconciliación, el sacerdote debe asimismo ejercer el ministerio de la dirección espiritual. En estos tiempos, resulta

---

[79] *Ibid.*, 40: *l.c.*, 724-725.

[80] *Ibid.*, 81; *l.c.*, ,799-800.

grandemente benéfico para la Iglesia el redescubrimiento e incremento de esta práctica, incluso en momentos fuera de la administración de la Penitencia. La actitud generosa y activa de los sacerdotes en su práctica constituye igualmente una ocasión relevante para identificar y apoyar las vocaciones al sacerdocio y a las diversas formas de vida consagrada"[81].

Los ministros ordenados como receptores
de la dirección espiritual

Los sacerdotes también necesitan dirección espiritual, que se vincula con Cristo, quien la anima: "Para cumplir con fidelidad su ministerio, gusten cordialmente el coloquio divino con Cristo Señor en la visita y en el culto personal de la Sagrada Eucaristía; practiquen gustosos el retiro espiritual y aprecien mucho la dirección espiritual"[82].

La realidad del ministerio exige que el sacerdote reciba personalmente dirección espiritual, la busque y se apegue a ella con fidelidad, con el fin de brindar una mejor dirección a los demás: "Con el propósito de contribuir a la mejora de su espiritualidad, es necesario que ellos mismos practiquen la dirección espiritual. Al poner la formación de sus almas en manos de un compañero con sabiduría, iluminarán su conciencia, desde los primeros pasos en el ministerio, y se percatarán de la importancia de no caminar solos por los senderos de la vida espiritual y los deberes pastorales. Al utilizar este medio de formación eficaz, con firmes cimientos en la Iglesia, los sacerdotes tendrán total libertad de elegir a la persona que los guiará"[83].

Siempre es necesario recurrir al consejo de nuestros hermanos y hermanas en la resolución de nuestras situaciones personales y comunitarias. Esto resulta especialmente cierto

---

[81] Congregación para el Clero, Directorio sobre el Ministerio y Vida de los Sacerdotes *Dives Ecclesiae* (31 de marzo, 1994), 54: LEV 1994.

[82] Concilio Ecuménico Vaticano II, Decreto *Presbytororum Ordinis*, 18.

[83] Congregación para el Clero, Directorio sobre el Ministerio y Vida de los Sacerdotes *Dives Ecclesiae* (31 de marzo, 1994), 54: LEV 1994.

al acercarnos a aquellos que poseen un don de consejo superior y a aquellos a quien de acuerdo con la gracia de su estado de vida, ejercen este don en el contexto de la misión que se les ha conferido, recordando que el primer "consejero" o "director" siempre es el Espíritu Santo, a quien debemos orar constantemente con fe y confianza.

2. Enfoque fundamental

Naturaleza y base teológicas

La vida cristiana es un "camino". Es una vida en el Espíritu (cfr. Gál 5, 25) en armonía, relación, imitación y configuración con Cristo al compartir su divina filiación. Por lo tanto, todos aquellos a quienes guía el Espíritu de Dios son hijos de Dios (cfr. Rom 8, 14). La dirección espiritual nos ayuda a diferenciar el espíritu de la verdad del espíritu del error (cfr. 1 Jn 4, 6) y a revestirnos en el hombre nuevo creado en fiel santidad de acuerdo con la justicia de Dios (cfr. Ef 4, 24). La dirección espiritual es de particular apoyo en el discernimiento del camino de santidad y perfección.

La base de esta practica de acompañamiento o "dirección espiritual" es el hecho de que la Iglesia es comunión, Cuerpo Místico de Cristo, una familia de hermanos y hermanas ayudándose entre sí según los carismas que cada quien ha recibido. La Iglesia es un complejo de varias "mediaciones" que corresponden a diversos ministerios, vocaciones y carismas. Todos necesitamos de todos y en especial en el ámbito del consejo espiritual. Esto incluye buscar y aceptar el consejo que viene del Espíritu Santo a través de nuestros hermanos y hermanas.

Todos hemos recibido los dones del Espíritu Santo en el Bautismo y en la Confirmación. Entre estos dones, el del "consejo" es particularmente significativo. La experiencia de la Iglesia muestra que algunas personas son favorecidas con este don en un mayor grado y son llamadas a servir a los demás utilizando el don recibido. En algunas ocasiones, puede ejercerse la dirección espiritual como un cargo oficial que ha sido confiado por la autoridad eclesiástica o bien la comunidad eclesial en la que una persona vive.

Objetivo específico

Por lo tanto, el objetivo principal de la dirección espiritual es discernir los signos de la voluntad de Dios para nuestro camino de vocación, oración, perfección, nuestra vida diaria y nuestra misión fraterna. Normalmente, hablamos de discernir la iluminación o llamado del Espíritu. En algunas ocasiones, este discernimiento puede ser en verdad urgente. Siempre es necesario considerar el "carisma" apropiado de la vocación personal, o de la comunidad donde reside la persona que busca o recibe consejo.

En la búsqueda de discernimiento de los signos de la voluntad de Dios, con la ayuda del consejo fraterno, dicha consulta en ocasiones incluye temas relacionados con la vida moral o la práctica de las virtudes, e igualmente la presentación de manera confidencial de la situación que se desea aclarar. Sin embargo, la falta de un deseo auténtico de santidad significará la pérdida del objetivo de la dirección espiritual. El objetivo de la dirección espiritual es parte inherente del proceso de fe, esperanza y caridad (en configuración con los valores, estándares y visión de Cristo): siempre deberá estar bajo la guía de los signos de la voluntad de Dios por los carismas que recibimos. La persona que recibe dirección siempre debe asumir sus propias responsabilidades e iniciativas.

La búsqueda de guía moral, la expresión de los problemas de manera confidencial, la práctica de los mecanismos de salvación, deben todos considerarse parte esencial de la búsqueda de la voluntad de Dios. Sin el deseo sincero de santidad, la dirección espiritual nunca alcanzaría su objetivo o propósito específico en la vida cristiana.

Dinamismo y proceso

El proceso de la dirección espiritual exige el conocimiento de nosotros mismos a la luz del Evangelio y en consecuencia, la confianza en Dios. Es un camino que conduce a una relación personal con –Cristo donde juntos con él, aprendemos y practicamos la humildad, la confianza y la entrega de sí mismo, de acuerdo con el nuevo mandamiento de amor.

La conciencia se logra a través de la enseñanza de la mente, la iluminación de la memoria, el fortalecimiento de la voluntad, el manejo de nuestros deseos y la promoción del compromiso generoso hacia la santificación.

La configuración de la dirección espiritual se da en etapas. Si bien, éstas no ocurren en orden estricto, sí se desarrollan en círculos concéntricos: la guía hacia el conocimiento de sí mismo, la confianza en el amor de Dios, la entrega total de sí mismo; confianza en la armonía de purificación, iluminación y unión. Ésta es una dinámica de vida en armonía con la participación en la vida de la Trinidad (cfr. Jn 14, 23; Ef 2, 18) a través de la configuración con Cristo (estándares, valores, comportamiento: fe, esperanza, caridad...) y bajo la acción del Espíritu Santo en aceptación fiel y generosa.

Todo esto se evidencia en una serie de ámbitos o áreas –relación con Dios, trabajo, relaciones sociales, integridad de vida– donde intentamos dilucidar la voluntad de Dios mediante el consejo y el acompañamiento; jornada de oración, discernimiento vocacional y fidelidad, fidelidad y entrega de sí mismo con miras a la perfección, una vida en armonía de "comunión" eclesial fraterna y compromiso en la misión. El acompañamiento y el consejo espiritual también pueden darse mediante medidas concretas que se aplican en la práctica. En todo este proceso, nunca debe olvidarse que el verdadero director espiritual es el Espíritu Santo, mientras que el individuo conserva su propia responsabilidad e iniciativa.

En el camino de oración (personal, comunitaria, litúrgica) debemos enseñar la manera de orar, con especial atención a la disposición filial del Padrenuestro que es de humildad, confianza y amor. Los escritos de los maestros espirituales son de gran ayuda en este itinerario ya que permiten "abrir nuestros corazones y regocijarnos en su presencia" (Cura de Ars) en un intercambio de miradas, "Yo lo veo, él me ve" (un parroquiano que sigue las enseñanzas del Cura). De esta manera, aceptamos la presencia de Cristo, que se nos entrega y asimismo aprendemos a hacer de nuestra propia presencia una "permanencia con alguien que conocemos y amamos" (santa Teresa de Jesús). Es un silencio de adoración, éxtasis y entrega de sí mismo como "simple mirada al corazón" (santa Teresa de Lisieux), pero que se expresa de la misma forma en que Cristo lo hizo en Getsemaní.

Para todas las vocaciones y etapas de la vida

De acuerdo con el llamado de Jesús ("Sean perfectos como es perfecto el Padre de ustedes que está en el cielo" Mt 5, 48), el sacerdote exhorta a los fieles a emprender el camino de la plenitud de la vida propia de los hijos de Dios"[84] para alcanzar "un conocimiento de Cristo vivido personalmente"[85]. Las exigencias de la vida cristiana (laica, religiosa y sacerdotal) son incomprensibles sin esta vida "espiritual", o vida según el Espíritu, que nos lleva a anunciar la buena noticia a los pobres (cfr. Lc 4, 18).

En el camino de la vocación, según el estado especial de vida del individuo, debe darse atención pertinente, ante todo, a las motivaciones y correcta intención, a la libertad de elección y la formación en el ámbito de la idoneidad y las cualidades en sí mismas.

Los teólogos expertos describen al director espiritual como alguien que guía en la toma de aplicaciones concretas, inspira generosidad en su entrega, y propone medios de santificación adaptados a personas y circunstancias particulares,

---

[84] Juan Pablo II, Carta Encíclica *Veritatis Splendor* (6 de agosto, 1993), 115: *l.c.* 1224.

[85] *Ibid.*, 88: *l.c.* 1204.

así como alguien que nunca pierde de vista sus vocaciones específicas. El modelo de intención seria de un seguimiento auténtico de Jesús representa ciertas dificultades.

La dirección espiritual puede ser habitual o periódica o bien un acompañamiento ad casum ocasional. En un principio, puede adquirir mayor intensidad. Por lo común, algunos fieles, al seguir su vocación, se les anima a buscar la dirección espiritual como resultado de la predicación, lectura, retiros y grupos de oración, o verdaderamente porque se confiesan. La lectura atenta de los documentos del Magisterium puede igualmente provocar la necesidad de buscar una guía para vivir de manera más fiel la vida cristiana. Dicha devoción a la vida espiritual conduce a un mayor compromiso social: "La disponibilidad para con Dios provoca la disponibilidad para con los hermanos y una vida entendida como una tarea solidaria y gozosa"[86].

3. Orientaciones prácticas

Itinerario concreto o camino de la vida espiritual

Al comenzar con este bosquejo de la estructura de la dirección espiritual y considerando las circunstancias actuales, la confluencia de la gracia y las condiciones sociológicas y culturas contemporáneas, pueden señalarse algunas orientaciones prácticas siempre abiertas a nuevas gracias y nuevas circunstancias.

La aplicación de la dirección espiritual siempre debe considerar la vocación eclesial específica de la persona que busca dirección o consejo. También debe tomar en cuenta su estado de vida, sus carismas particulares y las gracias individuales que recibió. Debido a que la persona es "unitaria", es necesario conocer sus circunstancias particulares: familia, trabajo, etcétera.

---

[86] Benedicto XVI, Carta Encíclica *Caritas in Veritate* (29 de junio, 2009), 78.

Cuando se maneja un carisma o vocación específico, siempre resulta útil observar las diferentes etapas de su camino[87].

Debe brindarse especial atención en todo momento a los casos individuales y a situaciones particulares. Éstos pueden incluir cambios en el estado de vida eclesial, el deseo de una mayor perfección, escrúpulos, y fenómenos extraordinarios.

El camino de la dirección espiritual puede emprenderse en el momento adecuado con una revisión general de la vida del individuo. Siempre es útil contar con un plan o algunas resoluciones particulares que incluyan nuestra relación con Dios (oración litúrgica y personal), nuestras relaciones fraternales, la familia, el trabajo, las amistades, las virtudes específicas o deberes personales, el apostolado y los instrumentos espirituales. Estos planes pueden reflejar igualmente nuestras aspiraciones, las dificultades que enfrentamos y el deseo de darnos cada vez más a Dios. Resulta de gran utilidad señalar precisamente el método espiritual que se pretende adoptar para el camino hacia la oración, la santidad (virtud), los deberes del estado, la mortificación y los avatares menores cotidianos de la vida[88].

Existe un momento inicial donde el individuo es llevado hacia actitudes de piedad y perseverancia en la virtud, oración, adhesión a la voluntad de Dios, ejercicio del apostolado, formación del carácter (memoria, inteligencia, afectividad, voluntad), purificación, formación a la apertura y un compromiso a la autenticidad y renuncia a la duplicidad de estándares. De esta manera, podrán abordarse casos de aridez espiritual, falta de constancia, entusiasmo superficial o transitorio. Es el momento oportuno para arrancar y plantar nuevamente (cfr. Jer 1, 10) con el fin de identificar y orientar de manera correcta una pasión dominante.

---

[87] En el Código de Derecho Canónico, la dirección espiritual se menciona para seminarios (*CIC*, can. 239; *CCEO*, cann. 337-339); en casas religiosas (*CIC*, can. 630; *CCEO*, cann. 433-475, 538 § 3, 539); y en institutos seculares (*CIC*, can. 719). Puede consultarse documentos adicionales sobre dirección espiritual para el sacerdocio, vida consagrada, seminarios y noviciados en la nota final del párrafo n. 134 de este texto.

[88] Benedicto XVI, Carta Encíclica *Spe Salvi* (30 de noviembre, 2007), 40: *AAS* 99 (2007), 1018.

Un segundo momento en la dirección espiritual se denomina tiempo de progreso y avance. En esta etapa del proceso se enfatiza el análisis del pasado, la vida interior, una mayor humildad y mortificación, profundización de las virtudes y el progreso en la vida de oración.

Esta etapa desemboca en otra de mayor perfección donde la oración se vuelve más contemplativa. Se eliminan las preferencias al diferenciar el aspecto "activo" y el "pasivo" (o bien, al apegarse fielmente a la acción de gracia que siempre resulta sorprendente), con el fin de aprender a superar la noche oscura del alma (o la noche oscura de la fe). La profundización de la humildad siempre da por resultado un incremento de las acciones caritativas.

Cada una de las virtudes demanda una atención específica. A lo largo de este camino recibimos la inspiración del Espíritu Santo y el sentido de sus dictados. Ese camino conduce a un mayor discernimiento y a una fidelidad y generosidad superiores. Los casos concretos de gracias especiales o de debilidades espirituales o psicológicas se confrontan con estudios especiales, que deben incluir igualmente la colaboración de otras personas de mayor experiencia y profundo respeto.

Resulta útil ajustarse a un plan que pueda dividirse sencillamente en principios, objetivos y medios. También es útil señalar hacia dónde se desea ir, dónde estamos, dónde tenemos que ir, los obstáculos que podrían presentarse y los medios que podemos emplear.

El sacrificio eucarístico, fuente y cumbre de la vida cristiana[89], tiene un impacto directo en la vida espiritual, con el fin de crear la integridad de vida que se le exige a los sacerdotes[90] y a los fieles[91]. Además de los medios principales para la búsqueda de la vida espiritual (Eucaristía, Palabra, oración...) resultan igualmente importantes por su significado

---

[89] Concilio Ecuménico Vaticano II, Constitución Dogmática *Lumen Gentium*, 11.

[90] Cfr. Concilio Ecuménico Vaticano II, Decreto *Presbyterorum Ordinis*, 14.

[91] Cfr. Juan Pablo II, Exhortación Apostólica Post-Sinodal *Christifideles Laici* (30 de diciembre, 1988), 59: *AAS* 81 (1989), 509.

práctico, la *Lectio divina,* las diversas formas de meditación espiritual, la práctica asidua del Sacramento de la Penitencia, la lectura espiritual, el examen de conciencia (particular y general), ejercicios espirituales y retiros. La lectura espiritual tomada de los santos y de los autores espirituales nos guían en el camino de conocimiento de nosotros mismos, y en el camino de confianza filial y generosa entrega de sí mismos.

Es común encontrarse con crisis de crecimiento o madurez al transitar por los senderos cristianos. Esto puede experimentarse a diferentes niveles (purificación, iluminación, unión). La "noche oscura" de la fe puede presentarse en diferentes momentos, pero en especial cuando la persona logra un mayor acercamiento a Dios. Puede sentirse cierta "ausencia" de Dios o "silencio" profundo, lo que en realidad es la manifestación profunda de la presencia de Dios y de su hablar con nosotros. La dirección espiritual resulta totalmente necesaria en estos momentos con la condición de que sigamos los consejos que recibimos a través de los grandes santos y maestros espirituales.

El apostolado puede experimentar igualmente momentos de aridez, conflicto, incomprensión, calumnias y persecución, que pueden ser consecuencia del error e incluso de gente buena (la persecución de lo bueno). El consejo espiritual puede ayudarnos a vivir el misterio fértil de la Cruz al hacer de nosotros mismos una ofrenda especial a Cristo, nuestro amigo.

Pueden surgir situaciones especiales al caminar por el sendero cristiano. Éstas pueden surgir a través de la iluminación o el impulso del Espíritu Santo y mediante el deseo de un mayor compromiso con la vida espiritual o el apostolado. Sin embargo, pueden darse otros momentos que son ilusorios y engañosos y que provienen del orgullo o la fantasía. Aquellos que caminan por el sendero espiritual también pueden sentir desánimo, desconfianza, mediocridad, negligencia o tibieza, ansiedad excesiva de aprecio, falsa humildad, etcétera.

Cuando se dan casos o fenómenos extraordinarios, éstos deben remitirse a los autores espirituales y a los grandes místicos. Debe recordarse que dichos fenómenos pueden ser de origen natural, o provenir de fuentes psicológicas y culturales, así como de contextos relativos a la formación y la sociedad. La Iglesia ha establecido criterios para juzgar su autenticidad. Estos criterios se fundamentan en el contenido doctrinal (que iluminan las Sagradas Escrituras, la Tradición Sagrada y el Magisterio) y en la honestidad de las personas implicadas (en especial su sinceridad, humildad, caridad y estado mental) y en los frutos permanentes de la santidad.

También se presentan enfermedades y debilidades psicológicas relacionadas con la vida espiritual. Generalmente, éstas tienen un carácter espiritual. Por lo general, tienen su raíz en algunas causas psicológicas tales como la tibieza resultado de la aceptación de pecados veniales habituales o imperfecciones, acompañados por la apatía de enmienda. La mediocridad (superficialidad, cansancio debido al trabajar sin el sostén de una vida espiritual interior) también pueden generar dichas situaciones. Estas debilidades también pueden vincularse con el temperamento: ansiedad de perfección, temor equivocado de Dios, escrúpulos sin fundamento, inflexibilidad, agotamiento, etcétera.

Estas debilidades o neurosis, la mayor parte de ellas vinculadas con la vida espiritual requieren atención profesional (tanto espiritual como psicológica). Comúnmente, se manifiestan con la búsqueda de una atención exagerada o una profunda insatisfacción de sí mismos (hysterin) que intenta llamar la atención y compasión de todos. Frecuentemente, esto produce un clima de agitación eufórica hacia el cual puede sentirse atraído fácilmente el director espiritual al creerse que está protegiendo una víctima o una persona especial. Estas manifestaciones no tienen nada qué ver con la verdadera contemplación y el misticismo cristiano, que si bien identifican la debilidad humana, no buscan la atención sino se expresan en humildad, confianza y abnegación de sí mismo con el fin de servir a los demás de acuerdo con la voluntad de Dios.

Discernimiento del Espíritu Santo en la dirección espiritual

El discernimiento de la acción del Espíritu Santo en la vida del individuo resulta más espontáneo a través de la dirección espiritual bajo la luz de una fe viva. Inevitablemente, esto conduce a la oración, humildad, sacrificio, a la vida común de Nazaret, el servicio y la esperanza. Se logra al apegarnos al modelo de san Lucas respecto a la vida de Jesús, a quien condujo asimismo el Espíritu Santo: al "desierto" (Lc 4, 1), los "pobres" (Lc 4, 18) y "júbilo" pascual en el Espíritu (Lc 10, 21).

Las obras del espíritu de maldad van acompañadas de orgullo, independencia, tristeza, desánimo, celos, confusión, odio, decepción, desdeño hacia los demás y preferencias egoístas. Resulta extremadamente difícil diferenciar estos aspectos, particularmente en ausencia de dirección espiritual y al considerar el temperamento, la cultura y las cualidades culturales. Las áreas o temas que deben discernirse son los relativos al camino de la vocación (como se vive en las circunstancias de la vida cotidiana), contemplación, perfección, vida fraternal y misión. Sin embargo, existen situaciones personales y comunitarias que requieren un discernimiento especial; éstas incluirían un cambio del estado de vida, nuevas reflexiones o impulsos, cambios estructurales, algunas debilidades, y fenómenos extraordinarios.

El Espíritu sopla hacia donde él quiere (Jn 3, 28) y resulta imposible formular normas estrictas sobre el discernimiento. Sin embargo, los santos y los maestros espirituales se refieren reiteradamente a ciertas constantes o señales de las acciones del Espíritu de amor, que actúa más allá de la lógica humana.

Ninguna situación espiritual puede discernirse correctamente sin la tranquilidad mental, don del Espíritu Santo. No busca el interés propio ni dominar a los demás, sino la mejor manera de servir a Dios y a nuestros hermanos y hermanas. El consejo espiritual (en el contexto del discernimiento) obra con la garantía de la libertad interior, que no está condicionada por intereses egoístas ni modas del momento.

El discernimiento requiere oración, humildad, desapego de las preferencias, capacidad de escucha, estudio de la vida y enseñanza de los santos, conocimiento de la enseñanza de la Iglesia, examen atento de las inclinaciones personales interiores, capacidad de cambio y un corazón libre. Así, estaremos en condición de habituarnos a mantener una buena conciencia o conformar la caridad que prospera a partir de un corazón puro, una clara conciencia y fe sincera (cfr. 1 Tim 1, 5).

Cualidades del director espiritual

Por lo general, es necesario que el director espiritual tenga una gran disposición de acogimiento. Debe ser capaz de escuchar de manera paciente y responsable. Debe tener una visión paternal y amigable. Debe ser humilde porque es la característica propia de todos aquellos que brindan el servicio de dirección espiritual. Debe evitar toda apariencia de autoritarismo, personalismo, paternalismo, que crea dependencia afectiva, precipitación o pérdida de tiempo en la búsqueda de situaciones circunstanciales. Debe ser prudente y discreto. Debe identificar el momento adecuado para solicitar el consejo de otras personas con toda la debida reserva. Todas estas cualidades y características se adquieren al dar consejo. Además, no debe ignorar la importancia de alguna nota saludable de buen humor que al ser genuina siempre es respetuosa y ayuda a resolver muchos problemas artificiales y a vivir de manera más serena.

Con el fin de brindar consejo espiritual, es necesario contar con el conocimiento suficiente (teórico y práctico) de la vida espiritual, así como experiencia de la misma y buen sentido de la responsabilidad y prudencia. Las cualidades se armonizan en la cercanía, escucha, esperanza, testimonio, integridad, la demostración del deseo de santidad, firmeza, claridad, verdad, comprensión, amplitud o pluralidad de visión, adaptabilidad y perseverancia en el camino hacia la santidad.

En general, el director espiritual (elegido, propuesto o asignado) debe ser único con el propósito de asegurar la continuidad. Algunos santos consultaron incontables directores espirituales y en ocasiones cambiaron de directores espirituales para el bien de sus vidas espirituales. Siempre debe ser posible cambiar libremente de director espiritual, en especial, cuando existen razones serias para sugerir que un mayor crecimiento espiritual podría requerir un cambio.

El director espiritual debe conocer muy bien a la persona a quien dirige. Esto le permite descubrir la voluntad de Dios para con la persona dirigida para así ayudarla en su camino espiritual y en momentos en que afloran gracias especiales de Dios. Este diagnóstico dependerá de la manera en que vivimos, nuestras cualidades y defectos, y el desarrollo de la vida espiritual personal, etcétera. La capacitación deberá corresponder a la gracia dada. El director espiritual no es quien realiza el camino espiritual; lo sigue al ayudar a la persona a quien dirige en su vida concreta. El Espíritu Santo dirige las almas y por lo tanto, el director espiritual siempre deberá apoyar la acción del Espíritu Santo.

El director espiritual siempre deberá tener un profundo respeto hacia la conciencia de los fieles. Establecerá una relación con la persona a quien dirige de tal forma que se dé una apertura espontánea. Siempre deberá actuar con respeto y delicadeza. El ejercicio del poder de jurisdicción en la Iglesia siempre deberá respetar la reserva y el silencio del director espiritual.

La autoridad del director espiritual no es de jurisdicción sino de consejo y guía, y dicta cierta fidelidad básica que puede ser docilidad filial, pero no paternalista. Esta actitud de humildad y confianza lo conduce a la oración y evita el desánimo cuando es incapaz de ver los frutos de su trabajo.

En el contexto de la formación del sacerdocio y la vida religiosa, así como en ciertas iniciativas apostólicas, es común señalar algunos directores espirituales para asegurar una formación espiritual adecuada. Este sistema debe dejar un amplio margen para la elección personal al elegir un director espiritual, en especial en asuntos relativos a la conciencia y al Sacramento de la Penitencia.

Cualidades del receptor de la dirección espiritual

Es necesario que las personas que reciben dirección espiritual cuenten con las siguientes cualidades: apertura, sinceridad, autenticidad, integridad, práctica de los medios de santificación (liturgia, sacramentos, oración, sacrificio, examen...). La frecuencia con que debe recibirse la dirección espiritual depende del momento y las circunstancias, ya que no hay ninguna regla fija sobre este asunto. Las etapas iniciales de formación exigen un uso más frecuente y asiduo de la dirección espiritual. Siempre es mejor que se busque la dirección espiritual de manera espontánea en vez de que los individuos esperen el llamado de su director espiritual.

La libertad de elección de director no minimiza la actitud de respeto. La ayuda se acepta dentro de un espíritu de fe. Debe expresarse con sobriedad, oralmente o a través de la lectura de algo previamente escrito, tomando en cuenta la propia conciencia y estudiando la situación particular del individuo en el itinerario trazado relativo a la dirección. Puede buscarse consejo sobre las virtudes, defectos, vocación, oración, vida familiar, vida fraternal, los deberes propios (en especial respecto al trabajo), y el apostolado. La disposición básica de quien recibe dirección espiritual es la de quien busca complacer a Dios y ser más fiel a su santa voluntad.

La autenticidad de la vida espiritual se evidenciará a través de la armonía existente entre los consejos que se buscaron y recibieron, y la vida que se vive en coherencia práctica con ellos. El examen de conciencia particular es muy útil por propio derecho, de la misma manera en que lo es la asistencia a retiros espirituales en conexión con la dirección espiritual.

El cristiano siempre debe gozar de total libertad y responsabilidad en su vida y acción. La tarea del director espiritual es ayudar al individuo a elegir y a elegir de manera responsable lo que debe hacer desde la visión de Dios, con madurez cristiana. Quien recibe dirección espiritual debe tomar libre y responsablemente el consejo espiritual, y si llegara a equivocarse no deberá descargar la responsabilidad en el director espiritual.

Dirección espiritual del sacerdote

El ministerio del sacerdote se vincula con la dirección espiritual. Sin embargo, él mismo necesita dirección espiritual para adquirir la capacidad de impartirla de mejor manera a los demás cuando así se lo solicitan.

Cuando un sacerdote busca dirección espiritual, siempre es necesario considerar que su carisma y especial espiritualidad tienen como elemento crucial la "unidad de su vida"[92] en el ejercicio del ministerio sagrado. Esta "unidad de vida", de acuerdo con el Concilio Vaticano II, la llevan a cabo los sacerdotes sencillamente en las circunstancias concretas de sus propias vidas: "los presbíteros, imitando en el cumplimiento de su ministerio el ejemplo de Cristo Señor, cuyo alimento era cumplir la voluntad de Aquel que le envió a completar su obra"[93]. Éstos son los dones y carismas que se viven en estricta relación de dependencia con el obispado local y el presbiterado de su Iglesia local.

Por encima y más allá de la celebración diaria del Sacrificio Eucarístico y la recitación del Oficio Divino, el plan personal para la vida espiritual del sacerdote podría incluir los siguientes elementos: la dedicación diaria de algunos momentos a la meditación de la Palabra de Dios, otros para la lectura espiritual, reservando un tiempo cada día a la visita al Santísimo Sacramento o la adoración Eucarística, acudir a reuniones fraternales frecuentes con otros sacerdotes para lograr la ayuda recíproca (reunirse para orar, compartir, preparar y colaborar en las homilías, etcétera), poner en práctica las instrucciones del Obispo en la medida en que se relacionen con la dirección

---

[92] Concilio Ecuménico Vaticano II, Decreto *Presbyterorum Ordinis*, 14.

[93] *Ibid.*

del Presbiterado (planes de vida, directorios, formación continua, trabajo pastoral de los sacerdotes, etcétera), recitación diaria de alguna oración mariana basada en el Santo Rosario, que pueda mantenerse fiel a esta clase de empresas, hacer diariamente un examen de conciencia particular y general[94].

En este ministerio o servicio de la dirección espiritual, como sucede en el Sacramento de la Penitencia, el sacerdote representa a Cristo el Buen Pastor, quien es nuestro guía, nuestro hermano, nuestro médico misericordioso. Este servicio se relaciona íntimamente con el ministerio de la predicación, la guía de la comunidad y el testimonio de vida.

La acción ministerial se vincula cercanamente a la dirección espiritual. "Por lo cual, atañe a los sacerdotes, en cuanto educadores en la fe, el procurar personalmente, o por medio de otros, que cada uno de los fieles sea conducido en el Espíritu Santo a cultivar su propia vocación según el Evangelio, a la caridad sincera y diligente y a la libertad con que Cristo nos liberó. De poco servirán las ceremonias, por hermosas que sean, o las asociaciones, aunque florecientes, si no se ordenan a formar a los hombres para que consigan la madurez cristiana. En su consecución les ayudarán los presbíteros para poder averiguar qué hay que hacer o cuál sea la voluntad de Dios en los mismos acontecimientos grandes o pequeños. Enséñese también a los cristianos a no vivir sólo para sí, sino que, según las exigencias de la nueva ley de la caridad, ponga cada uno al servicio del otro el don que recibió y cumplan así todos cristianamente su deber en la comunidad humana"[95].

En verdad, quien aprecia la dirección espiritual y la valora, no sólo la recomienda en su ministerio, sino también la practica personalmente.

Si no perdemos de vista el objetivo de la dirección espiritual, podrán vislumbrarse asimismo formas de asegurar que la dirección espiritual sea dada y recibida.

---

[94] Cfr. Congregación para el Clero, Directorio sobre el Ministerio y Vida de los Sacerdotes *Dives Ecclesiae* (31 de marzo, 1994).

[95] Concilio Ecuménico Vaticano II, Decreto *Presbyterorum Ordinis*, 6.

La invitación a practicar la dirección espiritual siempre debe ser un capítulo importante en todo plan pastoral. Debe ser una invitación permanente que siempre tendrá como objetivo la santificación y la misión. Los fieles pueden formarse en ella a través de la predicación, la catequesis, la confesión, la vida litúrgica sacramental, especialmente en la Eucaristía, grupos de Biblia, grupos de oración, y el testimonio del ministro quien igualmente solicita consejo en el debido momento y en circunstancias oportunas. Luego de algunos de estos ministerios o servicios, puede proseguir el examen personal o el encuentro personal, la lectura espiritual y los ejercicios espirituales personalizados.

La dirección espiritual, como ministerio, se relaciona frecuentemente con el Sacramento de la Penitencia donde el sacerdote actúa en nombre de Cristo, el Buen Pastor, y se muestra a sí mismo como padre, amigo, médico y guía espiritual. Él es el servidor del perdón y dirige el camino de contemplación y perfección en total fidelidad al Magisterio y la tradición espiritual de la Iglesia.

Dirección espiritual en la vida consagrada

Los individuos consagrados, de acuerdo con sus diversas características, se apegan a la misma vida de radicalismo evangélico y apostólico al agregar una "especial consagración"[96] mediante la profesión de los "consejos evangélicos"[97]. Dentro de la vida consagrada es necesario tomar en cuenta el carisma específico ("carisma fundacional") y la consagración especial que emana de ello (por medio de la profesión), así como las diversas formas de vida contemplativa, evangélica, comunitaria y misionera, con sus correspondientes Constituciones, reglas, etcétera.

---

[96] Juan Pablo II, Exhortación Apostólica Post-Sinodal *Vita Consecrata* (25 de marzo, 1996), 2: *AAS* 88 (1996), 378.

[97] *Ibid.*, 30, *l.c.*, 403.

El camino de la consagración religiosa proporciona varias etapas en la preparación inmediata y a largo plazo, la profundización auténtica de la vocación con el apoyo de convicciones y motivos evangélicos (que disipan problemas de identidad), la libertad de decisión, con el fin de alcanzar verdadera dignidad y preparación para la ordenación o profesión.

Existen situaciones específicas que pueden considerarse cuestiones simplemente de "crecimiento" o "madurez" si la persona consagrada confiere atención asidua a la dirección espiritual: preguntas respecto a la soledad física o moral, fracasos, inmadurez afectiva, amistades sinceras, libertad interior en fidelidad a la obediencia, la aceptación pacífica del celibato como signo de Cristo el Esposo para su Esposa que es la Iglesia, etcétera.

La dirección espiritual de las personas consagradas se caracteriza por ciertos aspectos distintivos además de aquellos ya mencionados relativos a la "vida apostólica". El apostolado, la vida fraternal y la misión reciben el ánimo de un carisma particular. Esto sucede dentro del contexto de una historia de gracia y profesión religiosa o compromiso especial de ser testimonio en el mundo de un Cristo que fue virgen, pobre y obediente[98] y ser la "memoria viviente del modo de existir y actuar de Jesús"[99].

La dirección de personas pertenecientes a la vida consagrada presupone un camino particular de contemplación, perfección, comunión (vida comunitaria) y misión que forman parte de la sacramentalidad de la Iglesia como misterio, comunión y misión. Por lo tanto, es necesario recibir y vivir plenamente el don ya que implica "seguir más de cerca a Cristo... persiguiendo la perfección de la caridad en el servicio del Reino[100], tendiendo a un amor personal y conyugal total

---

[98] *Ibid.*, 1: *l.c.*, 377.

[99] *Ibid.*, 22: *l.c.*, 396.

[100] *Catecismo de la Iglesia Católica*, n. 916; cfr. *CIC*, can. 573.

que hace posible encontrarse 'más profundamente' presente, en el corazón de Cristo, con sus contemporáneos"[101].

Los sacerdotes a quienes se invita a brindar este servicio de dirección espiritual sabrán que "todos los religiosos, hombres y mujeres, por ser la porción selecta en la casa del Señor, merecen un cuidado especial para su progreso espiritual en bien de toda la Iglesia"[102].

Dirección espiritual para los laicos

El llamado universal a la santidad, en cualquier vocación cristiana, no tiene límites, ya que siempre incluye el llamado a la perfección última: "Amen a sus enemigos… sean perfectos como es perfecto el Padre de ustedes que está en el cielo" (Mt 5, 44. 48). La dirección espiritual dirigida a los fieles llamados a la santidad en el estado laico presupone esta vocación a la santidad cristiana, que se diferencia, sin embargo, por ser levadura evangélica en el mundo y que obra en su propia esfera y en comunión con la Iglesia[103]. El director espiritual debe ayudar a los fieles laicos en su relación con Dios (concretizando su participación en la Sagrada Eucaristía y la oración, en el examen de conciencia, de tal forma que esté en unión con sus vidas), formando conciencia, ayudando en la santificación de la familia, el trabajo, las relaciones sociales y participando en la vida pública. "El trabajo llevado a cabo de esta forma se convierte en oración. El estudio llevado a cabo de esta forma es oración. La investigación científica llevada a cabo de esta forma es oración. Todo converge en una sola realidad: todo es oración, todo puede y debería llevarnos a Dios, sintiendo nuestra relación constante con Él, desde el alba al ocaso. Todo trabajo honesto puede ser oración, y todo

---

[101] Cfr. *Catecismo de la Iglesia Católica* n. 932.

[102] Concilio Ecuménico Vaticano II, Decreto *Presbyterorum Ordinis*, 6.

[103] Cfr. Concilio Ecuménico Vaticano II, Constitución Dogmática *Lumen Gentium*, 31.

trabajo es oración, es apostolado. De esta manera, el alma se fortalece en la unidad de una vida sencilla pero sólida"[104].

Benedicto XVI nos recuerda que todos los bautizados son responsables de proclamar el Evangelio: "Los laicos están llamados a ejercer su tarea profética, que se deriva directamente del bautismo, y a testimoniar el Evangelio en la vida cotidiana dondequiera que se encuentren"[105].

La dirección espiritual o consejo espiritual de personas laicas o seculares no enfatiza sus errores o inmadurez. Por el contrario, es la ayuda fraternal del director para trabajar espiritual y apostólicamente de acuerdo con las iniciativas y responsabilidades propias del laicado y tomar su lugar como discípulos auténticos de Cristo en el mundo del esfuerzo humano, de la familia, de la sociedad política y económica, etcétera, con el fin de santificar el mundo desde su interior.

La dirección espiritual para laicos tiene como propósito un camino de santidad y misión sin equivocación, dado que no sólo comparten el sacerdocio, el sacerdocio profético o real de Cristo, como lo hacen todos los bautizados[106], sino igualmente porque viven esta realidad por una gracia especial que les permite estar en el mundo y que les da un papel propio y absolutamente necesario al realizar la misión de la Iglesia[107].

Los laicos "por propia vocación, tratan de obtener el reino de Dios gestionando los asuntos temporales y ordenándolos según Dios"[108]. Ellos "se entregan gustosamente y por entero a la expansión del reino de Dios y a informar y perfeccionar el orden de las cosas temporales con el espíritu cristiano"[109]. "A ellos corresponde iluminar y ordenar las realidades temporales a las que están estrechamente vinculados, de tal modo

---

[104] San Josemaría Escrivá, *É Gesù che passa*, 10.

[105] Benedicto XVI, Exhortación Apostólica Post-Sinodal *Verbum Domini*, 94.

[106] *Ibid.*

[107] Concilio Ecuménico Vaticano II, Decreto *Apostolicam Actuositatem*, 1.

[108] Concilio Ecuménico Vaticano II, Constitución Dogmática *Lumen Gentium*, 31.

[109] Concilio Ecuménico Vaticano II, Decreto *Apostolicam Actuositatem*, 4.

que sin cesar se realicen y progresen conforme a Cristo y sean para la gloria del Creador y del Redentor"[110].

La dirección espiritual los guía hacia la participación en la "misión salvífica de la Iglesia"[111] insertándolos "profunda y cuidadosamente en la realidad misma del orden temporal"[112].

La ayuda del consejo espiritual resulta necesario para la vida interior y asimismo las diversas circunstancias de la vida: actividades sociales, familiares y profesionales. Es sobremanera necesario en esos momentos de vida familiar y sociopolítica dar testimonio de los valores cristianos básicos y fundamentales. En los momentos de mayor actividad de cualquier apostolado en que estemos comprometidos, siempre será posible encontrar consejo espiritual ahí donde existe el deseo de tenerlo.

Armonía de los diversos niveles formativos en el camino de la dirección espiritual

La persona que recibe dirección espiritual se orienta hacia la configuración con Cristo. La formación puede comprenderse desde diversos niveles o dimensiones: humano, espiritual, intelectual, profesional, pastoral. Esos diversos aspectos de la formación se armonizan recíprocamente entre sí debido a la comunión y misión eclesial. Siempre se considera a la persona como miembro de una comunidad humana y eclesial.

Debe considerarse verdaderamente la dimensión o nivel humano en la fase personal y comunitaria, dado que la persona debe evaluarse correctamente y saber que es amada y es capaz de amar en la verdad de la gracia. Esto presupone un camino en libertad, un conjunto auténtico de valores, de motivaciones que se enfocan en el amor y en la disposición

---

[110] Concilio Ecuménico Vaticano II, Constitución Dogmática *Lumen Gentium*, 31

[111] *Ibid.* 33.

[112] Concilio Ecuménico Vaticano II, Decreto *Apostolicam Actuositatem*, 29; cfr. Juan Pablo II, Exhortación Apostólica Post-Sinodal *Christifideles Laici* (30 de diciembre, 1988), 7-8, 15, 25-27, 64:*l.c.*, 403-405, 413-416, 436-442, 518-521.

de relacionarse y servir. La persona se realiza a través de las relaciones con la comunidad.

El ministro de Cristo inspira el consejo espiritual, a la luz del cual se descifra el misterio humano[113]. La persona debe capacitarse para dar y entregarse. A través de este proceso, la persona aprende a escuchar, a estar con los demás, comprender, acompañar, dialogar, cooperar y entablar amistades sinceras.

En el cristiano, las virtudes humanas se cultivan a la luz de la fe, la esperanza y la caridad. Esto nos permite pensar, evaluar y amar como Cristo. Los textos conciliares y postconciliares del Magisterio invitan a emprender este proceso de formación "humana" que adquiere forma concreta en la sensibilidad por la justicia y la paz, armonía en la diversidad, en la capacidad para tomar iniciativas, admiración y apertura a nuevos valores, constancia, fortaleza, disposición para nuevas iniciativas, fraternidad, sinceridad, cordialidad, escucha, colaboración, atención a las relaciones humanas y a buenas amistades[114].

Debido a que precisamente el camino de la dirección espiritual es un camino de búsqueda y experiencia viva de la verdad, de lo bueno y la belleza, nos resulta un entramado armónico de inteligencia, afectividad, voluntad, recuerdos y elementos significativos. La formación se expresa a sí misma "en cierta estabilidad de ánimo, en la facultad de tomar decisiones ponderadas y en el recto modo de juzgar sobre los acontecimientos y los hombres"[115].

Es un camino que armoniza el cumplimiento del deber, el amor contemplativo, el estudio y la acción externa en un proceso necesario para la "unidad de vida" en el apostolado.

La dirección espiritual nos ayuda a conocer y superar nuestras propias debilidades, en el ámbito de la toma de

---

[113] Cfr. Concilio Ecuménico Vaticano II, Constitución Pastoral *Gaudium et Spes*, 22

[114] Cfr. Concilio Ecuménico Vaticano II, Decreto *Presbyterorum Ordinis*, 3; *Ibid.*, Decreto *Optatam Totius*, 11; Juan Pablo II, Exhortación Apostólica Post-Sinodal *Pastores Dabo Vobis* (25 de marzo, 1992), 43-44, 72: *l.c.*, 731-736; 783-787, Congregación para el Clero, Directorio sobre el Ministerio y Vida de los Sacerdotes *Dives Ecclesiae* (31 de marzo, 1994), 76.

[115] Concilio Ecuménico Vaticano II, Decreto *Optatam Totius*, 11.

decisiones, los recuerdos, los sentimientos y en la preparación sociológica, cultural y psicológica.

En la dirección espiritual, se encuentra ayuda para una mejor organización de los momentos de oración, de la vida familiar y comunitaria, del compromiso con los hijos, del trabajo y el descanso, para la valoración del silencio interior y exterior, así como para el descubrimiento del valor positivo de las dificultades y el sufrimiento.

La dirección espiritual en este nivel responde a tres cuestionamientos: ¿Quién soy? (identidad); ¿Con quién estoy? (relaciones); y ¿cuál es mi propósito? (misión). Bajo la influencia de la gracia divina, logro los deseos propicios, principios, motivaciones, valores y disposiciones informadas y correctas, que emanan de la fe, la esperanza y la caridad y las consecuentes virtudes morales, que se denominan de cierta manera vida en Cristo. La persona se educa y forma para alcanzar la autorrealización al amar en la verdad de entrega de sí mismo a Dios y al prójimo.

En todo este proceso, debe considerarse la relación entre la gracia y la naturaleza (como en la relación entre fe y razón). Esto debe diferenciarse y armonizarse ya que "la gracia no destruye la naturaleza, sino la perfecciona"[116]. Esto es un principio de extrema importancia cuando deben decidirse ciertas orientaciones y medios respecto a situaciones relativas a la psicología, las diferencias culturales, y la diversidad de carismas que se encuentran en las diferentes situaciones humanas y en especial en el contenido de la fe.

Es necesario encontrar la unidad de la gracia y la naturaleza. En esto, debe darse preferencia a la última y considerarla participación en la nueva vida, la divina. "Uno de los aspectos del actual espíritu tecnicista se puede apreciar en la propensión a considerar los problemas y los fenómenos que tienen que ver con la vida interior sólo desde un punto de vista psicológico, e incluso meramente neurológico. De esta manera,

---

[116] Santo Tomás de Aquino, *Summa Theologiae*, I, 1, 8 ad 2.

la interioridad del hombre se vacía y el ser conscientes de la consistencia ontológica del alma humana, con las profundidades que los Santos han sabido sondear, se pierde progresivamente. El problema del desarrollo está estrechamente relacionado con el concepto que tengamos del alma del hombre, ya que nuestro yo se ve reducido muchas veces a la psique, y la salud del alma se confunde con el bienestar emotivo. Estas reducciones tienen su origen en una profunda incomprensión de lo que es la vida espiritual y llevan a ignorar que el desarrollo del hombre y de los pueblos depende también de las soluciones que se dan a los problemas de carácter espiritual"[117].

El conocimiento del temperamento y el carácter ayudarán a asegurar que la aspiración a cosas importantes no den cabida al orgullo y la independencia (temperamento colérico); que la afabilidad no degenere en vanidad y superficialidad (carácter sanguíneo); que la tendencia a una vida interior y a la soledad no caiga en la pasividad y desánimo (temperamento melancólico); que la perseverancia y la ecuanimidad no se convierta en negligencia (temperamento flemático).

En este nivel o dimensión humana, surge la situación de la "ayuda psicológica". Esta forma de dirección, "en determinados casos y bajo precisas condiciones, este acompañamiento podrá verse ayudado, pero nunca sustituido, con formas de análisis o de ayuda psicológica"[118]. A este respecto, los documentos de la Iglesia determinan el momento y condiciones en que estos instrumentos humanos pueden utilizarse legalmente[119].

---

[117] Benedicto XVI, Carta Encíclica *Caritas in Veritate* (29 de junio, 2009), 76.

[118] Juan Pablo II, Exhortación Apostólica Post-Sinodal *Pastores Dabo Vobis* (25 de marzo, 1992), 40: *l.c.*, 725.

[119] Véase a este respecto: Congregación para la Educación Católica, *Orientaciones educativas para la formación al celibato sacerdotal* (11 de abril, 1974); *Orientaciones para la utilización de las competencias de la psicología en la admisión y en la formación de los candidatos al sacerdocio* (29 de junio, 2008), *Instrucción sobre los criterios de discernimiento vocacional en relación con las personas de tendencia homosexual antes de su admisión al seminario y a las Órdenes Sagradas* (4 de noviembre, 2005): *AAS* 97 (2005), 1007-1013; *Orientaciones sobre la formación de seminaristas respecto a problemas relativos al matrimonio y la familia* (19 de marzo, 1995).

Resulta evidente que la dirección espiritual debe conceder un lugar de honor a la dimensión espiritual porque el consejo espiritual se refiere principalmente a una mejora de la fidelidad a nuestras vocaciones, nuestra relación con Dios (oración y contemplación), santidad y perfección, fraternidad o comunión eclesial y nuestra disposición para el apostolado.

Para lograr esto, todo programa de vida espiritual debe contar con la guía de un proyecto específico (orientaciones para la vida espiritual), objetivos que deberán alcanzarse en etapas específicas (purificación, iluminación, unión) de acuerdo con la madurez que haya logrado el receptor de la dirección y los métodos correspondientes.

La dimensión humana cristiana y espiritual deben alimentarse del estudio y la lectura. Podríamos describir esta situación como la dimensión intelectual o doctrinal de la dirección espiritual. La fidelidad a este camino es extremadamente difícil sin la capacidad del estudio silente y lectura espiritual. El contenido de la fe debe estudiarse especialmente en la instrucción curricular. Sin embargo, la formación intelectual (esencial para la vida espiritual) debe seguir ampliándose a lo largo de la vida e inspirarse en los santos, los escritores espirituales y los clásicos espirituales.

En esta dimensión intelectual o doctrinaria, la dirección espiritual podría ser valiosa al llenar el vacío que se encuentra en el estudio del material eclesiástico y misterio vivo de Cristo: "tiendan a descubrir más y más... el misterio de Cristo, que afecta a toda la historia del género humano, influye constantemente en la Iglesia y actúa, sobre todo, mediante el ministerio sacerdotal"[120]. El fundamento cristológico para la vida espiritual es la base más adecuada para una predicación exitosa al guiar a los fieles en el camino de la contemplación, la caridad, así como en el apostolado.

---

[120] Concilio Ecuménico Vaticano II, Decreto *Optatam Totius*, 14.

La dirección espiritual orientada a la doctrina anima el deseo del estudio individual y compartido, además de la lectura asidua de los grandes clásicos espirituales del Oriente y Occidente.

El compromiso al apostolado es una parte necesaria del consejo y dirección espiritual. Por lo tanto, las motivaciones, preferencias y realidades concretas deben examinarse para que la persona que recibe dirección esté en mayor disposición a la misión. La fidelidad al Espíritu Santo les infunde "una serena audacia que les impulsa a transmitir a los demás su experiencia de Jesús y la esperanza que los anima"[121]. Sólo con esta libertad espiritual, el apostolado conocerá la manera de superar las dificultades personales y contextuales de cualquier edad.

La dirección espiritual, en esta dimensión apostólica y pastoral, incluye ser testimonio, proclamar a Cristo, celebrar la liturgia y brindar servicio en los diversos ámbitos de la caridad.

Si no existe la dirección espiritual en el camino a la perfección y la generosidad evangélica, los planes pastorales encontrarán dificultades en incluir la orientación principal de la actividad pastoral en sí misma, que es la de llevar a los fieles y comunidades a la santidad e identificación con Cristo (cfr. 1 Col 1, 28; Gál 4, 19).

El camino de la dirección espiritual es contribuir al carácter relacional de la formación teológica y pastoral. En cualquier asunto doctrinario o práctico, siempre buscamos el encuentro personal con Cristo (cfr. Mc 3, 13-14), vivir el apostolado (cfr. Mt 4, 22; Mc 10, 21-31. 38), vivir en comunión con nuestro prójimo (cfr. Lc 10, 1; Jn 17, 21-23) con el

---

[121] Juan Pablo II, Carta Encíclica *Redemptoris Missio* (7 de diciembre, 1990), 24: *AAS* 83 (1991), 270-271.

fin de continuar la misión de Cristo y participar en ella (Jn 20, 21). El servicio de la dirección espiritual contribuye a la formación personal con el propósito de construir la comunión de la Iglesia[122].

---

[122] Sobre dirección espiritual, además de los documentos ya citados, véase también los siguientes: Concilio Ecuménico Vaticano II, Decreto *Presbyterorum Ordinis*, 9, 18; Decreto *Optatam Totius*, 3; 8; 19; Juan Pablo II, Exhortación Apostólica Post-Sinodal *Pastores Dabo Vobis* (25 de marzo, 1992), 40; 50; 81: *l.c.*, 725, 747, 799-800; Exhortación Apostólica Post-Sinodal *Vita Consecrata* (25 de marzo, 1996), 21; 67; 46: *l.c.*, 394-395, 442-443, 418-420; *CIC*, cann. 239; 246; *CCEO* cann. 337-339, 346 § 2; Congregación para el Clero, Directorio sobre el Ministerio y Vida de los Sacerdotes, *Dives Ecclesiae*, 39, 54, 85, 92; Congregación para la Educación Católica, *Ratio Fundamentalis Institutionis Sacerdotalis* (19 de marzo, 1985), 44-59; *Carta Circular sobre algunos aspectos más urgentes de la formación espiritual en los seminarios* (6 de enero, 1980); *Orientaciones relativas a la Preparación de Educadores de Seminaristas* (4 de noviembre, 1993); 55; 61 (Director espiritual); Congregación para los Institutos de Vida Consagrada y las Sociedades de Vida Apostólica, Orientaciones sobre la Formación de Institutos Religiosos, *Potissimum Institutioni*, (2 de febrero, 1990), 13; 63: *AAS* 82 (1990), 479; 509-510; Instrucción *Caminar con Cristo: Un Renovado Compromiso de la Vida Consagrada en el Tercer Milenio* (19 de mayo, 2002), 8; Congregación para la Evangelización de los Pueblos, *Guía Pastoral para los Sacerdotes Diocesanos de las Iglesias que Dependen de la Congregación para la Evangelización de los Pueblos* (1 de octubre, 1989), 19-33 (espiritualidad y vida sacerdotal).

CONCLUSIÓN:
"QUE CRISTO SEA FORMADO
EN USTEDES"
(GÁL 4, 19)

Cuando se ejercen los munera (dones) sacerdotales en el espíritu de Cristo, dejan una marca de "gozo pascual"[123] y de "alegría en la esperanza" en nuestros corazones (cfr. Rom 12, 12). Juan Pablo II recordó esto en la conmemoración del bicentenario del nacimiento del Cura de Ars: "Estén siempre seguros, queridos hermanos sacerdotes, de que el ministerio de la misericordia es uno de los más hermosos y consoladores. Les permitirá iluminar las conciencias, perdonarlas y vivificarlas en nombre del Señor Jesús, siendo para ellas médico y consejero Espiritual; es la 'insustituible manifestación y verificación del sacerdocio ministerial' "[124].

El ministerio del "consejero espiritual y médico" no sólo se refiere a perdonar los pecados sino guiar y orientar la vida cristiana para corresponder de manera generosa con el plan amoroso de Dios para con nosotros. Cuando el sacerdote responde con generosidad a este plan, se alcanza el florecimiento efectivo de las gracias que confiere el Espíritu Santo a su Iglesia en cada tiempo. El Concilio Vaticano II lo afirma igualmente cuando declara: "Por lo cual, este Sagrado Concilio, para conseguir sus propósitos pastorales de renovación interna de la Iglesia, de difusión del Evangelio en todo el mundo y de diálogo con el mundo actual, exhorta vehementemente a

---

[123] Concilio Ecuménico Vaticano II, Decreto *Presbyterorum Ordinis*, 11.

[124] Juan Pablo II, *Carta a los Sacerdotes con Ocasión del Jueves Santo* 1986, 7; *l.c.*, 696.

todos los sacerdotes a que, usen los medios oportunos recomendados por la Iglesia"[125].

Los munera proféticos, litúrgicos y diaconales, al ejercerse en este espíritu, asegurarán que el contenido de las cuatro constituciones del Concilio Vaticano II se apliquen en la Iglesia, al ser "sacramento" o signo transparente de Cristo (Lumen Gentium) es Iglesia del Mundo (Dei Verbum), Misterio Pascual (Sacrosanctum Concilium), presente en el mundo y en solidaridad con él (Gaudium et Spes), es misterio de comunión para la misión.

Como siempre fue el caso en la implementación de los concilios, todo esto conlleva el compromiso de los bautizados en su camino de santidad y compromiso de apostolado.

La atención pastoral de santidad, que se proclama y realiza de manera especial en el Sacramento de la Reconciliación y en la dirección espiritual, y siempre vinculado con la Sagrada Eucaristía, la realizan principalmente el ministerio sacerdotal, como ministerio que construye la unidad (comunión) en el corazón de la comunidad humana y eclesial.

Los valores del progreso y la tecnología necesitan investirse de un "alma" o una "espiritualidad", como lo dice Benedicto XVI: "El desarrollo debe abarcar, además de un progreso material, uno espiritual, porque el hombre es 'uno en cuerpo y alma', nacido del amor creador de Dios y destinado a vivir eternamente. El ser humano se desarrolla cuando crece espiritualmente, cuando su alma se conoce a sí misma y la verdad que Dios ha impreso germinalmente en ella, cuando dialoga consigo mismo y con su Creador… No hay desarrollo pleno ni un bien común universal sin el bien espiritual y moral de las personas, consideradas en su totalidad de alma y cuerpo"[126].

La dirección espiritual de los bautizados es un itinerario entusiasta que motiva al confesor o director espiritual a vivir con alegría su camino espiritual de entrega al Señor. "Para ello

---

[125] Concilio Ecuménico Vaticano II, Decreto *Presbyterorum Ordinis*, 12.

[126] Benedicto XVI, Carta Encíclica *Caritas in Veritate* (29 de junio, 2009), 76.

se necesitan unos ojos nuevos y un corazón nuevo, que superen la visión materialista de los acontecimientos humanos y que vislumbren en el desarrollo ese 'algo más' que la técnica no puede ofrecer. Por este camino se podrá conseguir aquel desarrollo humano e integral, cuyo criterio orientador se halla en la fuerza impulsora de la caridad en la verdad"[127].

De esta manera, la vivencia de los sacerdotes es de que "nunca están solos en su trabajo"[128]. Fueron enviados por Cristo Resucitado; él los acompaña y los asiste. Él camina con ellos en el plan salvador de Dios "que no se lleva a efecto más que poco a poco, esforzándose de consuno todos los ministerios para la edificación del Cuerpo de Cristo, hasta que se complete la medida de su tiempo"[129].

La reforma perenne de la vida de la Iglesia necesita una nota inequívoca de esperanza. El crecimiento de las vocaciones sacerdotales y religiosas y el compromiso eclesial del laicado en el camino de santidad y en el apostolado, demanda la renovación del ministerio de la penitencia y la dirección espiritual que debe ejercerse con firme entusiasmo y generosa entrega. Ésta es la marea viva que desea Juan Pablo II: "Nunca como hoy la Iglesia ha tenido la oportunidad de hacer llegar el Evangelio, con el testimonio y la palabra, a todos los hombres y a todos los pueblos. Veo amanecer una nueva época misionera, que llegará a ser un día radiante y rica en frutos, si todos los cristianos y, en particular, los misioneros y las jóvenes Iglesias responden con generosidad y santidad a las solicitaciones y desafíos de nuestro tiempo"[130].

Situaciones nuevas y renovadas gracias alimentan nuestra esperanza de fervor apostólico: "Como los Apóstoles después de la Ascensión de Cristo, la Iglesia debe reunirse en el Cenáculo con «María, la madre de Jesús» (Hech 1, 14), para implorar el Espíritu y obtener fuerza y valor para cumplir el

---

[127] *Ibid.*, 77.

[128] Concilio Ecuménico Vaticano II, Decreto *Presbyterorum Ordinis*, 22.

[129] *Ibid.*

[130] Juan Pablo II, Carta Encíclica *Redemptoris Missio* (7 de diciembre, 1990), 92: *l.c.*, 339,

mandato misionero. También nosotros, mucho más que los Apóstoles, tenemos necesidad de ser transformados y guiados por el Espíritu"[131]. El ministerio de la reconciliación y el servicio de la dirección espiritual constituyen ayudas decisivas en el proceso constante de apertura y fidelidad a toda la Iglesia, y en especial, de la actualización ministerial del sacerdocio de la actividad del Espíritu Santo.

Mauro Card. Piacenza
Prefecto

✠ *Celso Morga Iruzubieta*
Arzobispo Titular de Alba Marittima
Secretario

---

[131] *Ibid.*

APÉNDICE I
EXAMEN DE CONCIENCIA
PARA SACERDOTES

"Por ellos me consagro, para que queden consagrados con la verdad" (Jn 17, 19).

¿Tomo realmente en serio la santidad en mi sacerdocio? ¿Estoy convencido de que el éxito de mi ministerio sacerdotal proviene de Dios y que, con el favor del Espíritu Santo, debo identificarme con Cristo y entregar mi vida por la salvación del mundo?

"Esto es mi cuerpo" (Mt 26, 26).

¿El Sacrificio sagrado de la Misa es el centro de mi vida espiritual? ¿Me preparo adecuadamente para celebrar la Misa? ¿Celebro Misa con devoción? ¿Doy gracias luego de la Misa? ¿La Misa es el centro de mi día al dar gracias y alabar a Dios por sus bendiciones? ¿Recurro a su bondad? ¿Hago reparación por mis pecados y por los de toda la humanidad?

"El celo por tu casa me devora" (Jn 2, 17).

¿Celebro el Sagrado Sacrificio de la Misa de acuerdo con los ritos y rúbricas que establece la Iglesia? ¿Celebro la Sagrada Misa con la intención correcta y según los libros litúrgicos aprobados? ¿Cuido con atención las especies sagradas que se conservan en el tabernáculo y tengo cuidado de renovarlas periódicamente? ¿Pongo la debida atención a las vasijas sagradas y aseguro su conservación? ¿Visto con decoro y dignidad las vestimentas sagradas que prescribe la Iglesia? ¿Estoy consciente de que actúo in persona Christi Capitis?

"Permanezcan en mi amor" (Jn 15, 9).

¿Experimento alegría al estar en presencia de Cristo en el Santísimo Sacramento, en meditación y en adoración silente? ¿Soy fiel a la visita diaria al Santísimo Sacramento? ¿El tabernáculo es mi verdadero tesoro?

"Explícanos la parábola" (Mt 13, 36).

¿Realizo meticulosamente la meditación diaria y trato de superar toda distracción que me aparta de Dios? ¿Busco iluminación del Señor a quien sirvo? ¿Medito con asiduidad las Sagradas Escrituras? ¿Digo mis plegarias habituales con total precisión?

"Hace falta orar siempre sin cansarse" (Lc 18, 1).

¿Celebro la Liturgia de las Horas cada día de manera integral, dignificada, atenta y devota? ¿Soy fiel al compromiso con Cristo en este importante aspecto de mi ministerio, al orar en nombre de toda la Iglesia?

"Después, sígueme" (Mt 19, 21).

¿El Señor Jesús es el verdadero amor de mi vida? ¿Observo con alegría mi compromiso de amar ante Dios en continencia célibe? ¿Soy proclive a pensamientos, deseos o actos impuros? ¿Me complazco con conversaciones impropias? ¿Me he atrevido a aventurarme de manera cercana al pecado en contra de la castidad? ¿Tengo cuidado de lo que ven mis ojos?

¿He sido prudente en mis tratos con las diversas categorías de personas? ¿Mi vida es para los fieles un testimonio verdadero de que la pureza en la santidad es posible, fructífera y dichosa?

Le preguntaron "quién era" (Jn 1, 20).

¿Soy débil, perezoso e indolente en mi vida diaria? ¿Mis conversaciones son consistentes con el sentido de lo natural y sobrenatural que debe tener un sacerdote? ¿Tengo el cuidado de asegurar que no existen elementos de vanidad o superficialidad en mi vida? ¿Todas mis acciones van de acuerdo con mi estado sacerdotal?

"Pero el Hijo del Hombre no tiene dónde recostar la cabeza"
(Mt 8, 20).

¿Me gusta la pobreza cristiana? ¿Mi corazón le pertenece a Dios? ¿Siento desapego espiritual de todo lo demás? ¿Estoy preparado para hacer sacrificios para servir mejor a Dios? ¿Estoy preparado para renunciar a mi comodidad, a mis planes personales y legítimos contactos, por Dios? ¿Poseo cosas superfluas? ¿Realizo gastos innecesarios o soy presa del consumismo? ¿Utilizo mi tiempo libre para estar cerca de Dios y recuerdo siempre que soy sacerdote –incluso en esos momentos de descanso o vacaciones?

"Porque, ocultando estas cosas a los sabios y entendidos, se las diste a conocer a la gente sencilla" (Mt 11, 25).

¿Soy culpable de los pecados de vanidad: dificultades espirituales, susceptibilidad, irritación, demora en perdonar, proclividad al desaliento, etcétera? ¿Le pido a Dios que me de la virtud de la humildad?

"En seguida, brotó sangre y agua" (Jn 19, 34).

¿Estoy convencido de que cuando actúo "en la persona de Cristo" participo directamente del mismísimo Cuerpo de Cristo, la Iglesia? ¿Puedo decir sinceramente que amo a la Iglesia? ¿Puedo decir sinceramente que me esfuerzo con alegría para su crecimiento? ¿Me preocupo por sus intereses, los de todos sus miembros y por toda la raza humana?

"Tú eres Pedro" (Mt 16, 18).

Nihil sine Episcopo –nada sin el Obispo– era una frase de san Ignacio de Antioquia. ¿Estas palabras son la raíz misma de mi ministerio? ¿Recibo órdenes, consejo o corrección de mi Ordinario con docilidad? ¿Oro con frecuencia por el Santo Padre? ¿Estoy en total comunión con su enseñanza e intenciones?

"Ámense unos a otros" (Jn 13, 34).

¿He sido benévolo en mi trato con mis hermanos sacerdotes? ¿Mi egoísmo provoca en mí indiferencia hacia ellos? ¿He criticado a mis hermanos sacerdotes? ¿He apoyado a aquellos hermanos moral o físicamente enfermos? ¿Estoy comprometido con la acción fraternal de que nunca nadie viva en soledad? ¿Trato a todos mis hermanos sacerdotes y a todos los laicos con el amor y la paciencia de Cristo?

"Yo soy el camino, la verdad y la vida" (Jn 14, 6).

¿Mi conocimiento de las enseñanzas de la Iglesia es tan amplio como debiera ser? ¿Asimilo y trasmitió sus enseñanzas? ¿Estoy consciente de que enseñar algo contrario al Magisterio, solemne u ordinario, es un abuso grave que provoca daño en los fieles?

"Ve y en adelante no peques más" (Jn 8, 11).

La proclamación de la Palabra conduce a los fieles a los Sacramentos. ¿Me confieso con frecuencia? ¿Me acercó a la Confesión de acuerdo con mi estado de vida y por las cosas sagradas que me interesan? ¿Celebro con generosidad el Sacramento de la Penitencia? ¿Estoy disponible de manera razonable a los fieles para la dirección espiritual y reservo momentos especiales para ese propósito? ¿Me preparo atentamente para la instrucción de la catequesis? ¿Predico con entusiasmo y con el amor de Dios?

"Fue llamando a los que él quiso y se fueron con él"
(Mc 3, 13).

¿Pongo especial atención a la promoción de vocaciones al sacerdocio y a la vida religiosa? ¿Promuevo una mayor conciencia del llamado universal a la santidad entre los fieles? ¿Animo a los fieles a orar por las vocaciones y por la santificación del clero?

"El Hijo del Hombre no vino a ser servido, sino a servir"
(Mt 20, 28).

¿Busco la entrega de mí mismo a los demás y servirlos diariamente de acuerdo con los dictados del Evangelio? ¿Soy testimonio de la caridad del Señor a través de obras buenas? ¿Percibo la presencia de Cristo en la Cruz y veo en ella el triunfo del amor? ¿Mi actividad cotidiana se identifica con el espíritu de servicio? ¿Considero el ejercicio de la autoridad como una forma de servicio?

"Tengo sed" (Jn 19, 28).

¿Oro y hago abundantes sacrificios por el bien de las almas que Dios puso bajo mi cuidado? ¿Cumplo con mis deberes pastorales? ¿Me esmero por las Ánimas Benditas?

"Ahí tienes a tu hijo. Ahí tienes a tu madre" (Jn 19, 26-27).

¿Me entrego con confianza, lleno de esperanza, a la Santísima Virgen María, Madre de los Sacerdotes, a través del amor y aún más a través de Jesucristo, su hijo? ¿Practico la devoción mariana? ¿Rezo el Rosario todos los días? ¿Recurro a su intercesión maternal en mi batalla contra el diablo, la concupiscencia y el mundo?

"Padre, en tus manos encomiendo mi espíritu" (Lc 23, 44).

¿Me esmero en ayudar y administrar los sacramentos a los moribundos? ¿En mi meditación personal, en la catequesis y mi predicación, considero las enseñanzas de la Iglesia sobre las Últimas Cosas? ¿Pido se me conceda la gracia de la perseverancia? ¿Les pido a los fieles que hagan lo mismo? ¿Realizo un sufragio frecuente y devoto por las ánimas de los fieles difuntos?

APÉNDICE II
ORACIONES

ORATIO SACERDOTIS ANTEQUAM CONFESSIONES EXCIPIAT

Da mihi, Dómine, sédium tuárum assistrícem sapiéntiam, ut sciam iudicáre pópulum tuum in iustítia, et páuperes tuos in iudício. Fac me ita tractáre claves regni caelórum, ut nulli apériam, cui claudéndum sit, nulli claudam, cui aperiéndum. Sit inténtio mea pura, zelus meus sincérus, cáritas mea pátiens, labor meus fructuósus.

Sit in me lénitas non remíssa, aspéritas non sevéra; páuperem ne despíciam, díviti ne adúler. Fac me ad alliciéndos peccatóres suávem, ad interrogándos prudéntem, ad instruéndos perítum.

Tríbue, quaeso, ad retrahéndos a malo sollértiam, ad confirmandos in bono sedulitátem, ad promovéndos ad melióra indústriam: in respónsis maturitátem, in consíliis rectitúdinem, in obscúris lumen, in impléxis sagacitátem, in árduis victóriam: inutílibus collóquiis ne detínear, pravis ne contáminer; álios salvem, me ipsum non perdam. Amen.

ORACIÓN DEL SACERDOTE ANTES DE ESCUCHAR CONFESIONES

Señor, concédeme la sabiduría de tu trono, para saber juzgar a tu pueblo con justicia, y tus pobres, con equidad. Permíteme hacer uso de las llaves del Reino de los cielos para no abrirle a todo aquel a quien deben cerrarse, ni cerrarlas a todo aquel a quien deben abrirse. Haz que mi intención sea pura, mi celo sincero, paciente mi caridad y mi labor fructífera.

Hazme gentil sin debilidad, severo sin rudeza. No hagas que desdeñe al pobre; ni adule al rico. Hazme amable para atraer a los pecadores, prudente al cuestionarlos, hábil al dirigirlos.

Te suplico, concédeme la destreza de guiarlos lejos del pecado, celo al confirmarlos en el bien, diligencia al elevarlos a mejores cosas. Concédeme buen juicio al responder sus preguntas, corrección en el consejo. Dame la luz cuando las cosas estén oscuras, sabiduría cuando las cosas se enreden, victoria cuando sean difíciles. Haz que yo mismo no me pierda.

ORATIO SACERDOTIS POSTQUAM CONFESSIONES EXCEPERIT

Dómine Iesu Christe, dulcis amátor et sanctifcátor animárum, purífica, óbsecro, per infusiónem Sancti Spíritus cor meum ab omni affectióne et cogitatióne vitiósa, et quidquid a me in meo múnere sive per neglegéntiam, sive per ignorántiam peccátum est, tua infinita pietáte et misericordia supplére dignéris. Comméndo in tis amabilíssimis vulnéribus omnes ánimas, quas ad paeniténtiam traxísti, et tuo pretiosíssimo Sánguine sanctificásti, ut eas a peccátis ómnibus custódias et in tuo timóre et amóre consérves, in virtútitibus in dies magis promóveas, atque ad vitam perdúcas aetérnam: Qui cum Patre et Spíritu Sancto vivis et regnas in sáecula saeculórum. Amen.

Dómine Ieus Christe, Fili Dei vivi, súscipe hoc obséquii mei ministérium in amóre illo superdignísssimo, quo beatam Maríam Magdalénam omnésque ad te confugiéntes peccatóres absolvísti, et qudiquid in sacraménti huius administratióne neglegénter minúsque digne perféci, tu per te supplére et satisfácere dignéris. Omnes et síngulos, qui mihi modo conféssi sunt, comméndo dulcíssimo Cordi tuo rogans, ut eósdem custódias et a recidiva praesérves atque post huius vitae misériam mecum ad gáudia perdúcas aetérna. Amen.

ORACIÓN DEL SACERDOTE DESPUÉS DE ESCUCHAR CONFESIONES

Señor Jesucristo, dulce amante y santificador de las almas, te pido, a través de la infusión del Espíritu Santo, que purifiques mi corazón de todo sentimiento o pensamiento disoluto y cambiar, a través de tu infinita compasión y misericordia, todo aquello que en mi ministerio pueda ser causa de pecado, debido a mi ignorancia o negligencia. Encomiendo a tus amables heridas todas las almas que has llevado al arrepentimiento y santificado a través de tu sangre preciosa para que tú puedas guardarlas de todo pecado y conservar en tu amor todo aquel que te tema; anima en ellos cada día más virtudes, y condúcelos a la vida eterna. Tú que vives y reinas con el Padre y el Espíritu Santo por los siglos de los siglos, Amén.

Oh Señor Jesucristo, Hijo de Dios vivo, recibe esta actuación de mi ministerio con ese incomparable amor con el que Tú absolviste a María Magdalena y a todos los pecadores que a ti se acercaron. Ayúdame y mejora cualquier situación que en la administración de este Sacramento haya realizado de forma negligente o indigna. Encomiendo a tu Sacratísimo Corazón a todos y cada uno de aquellos que se confesaron conmigo, y te pido que los guardes de alguna recaída. Después de las miserias de esta vida condúcelos junto conmigo a la dicha de la vida eterna. Amén.